AF295863

DROIT INTERNATIONAL

LA
GUERRE CONTINENTALE

ET

LES PERSONNES

PAR

JULES GUELLE

CAPITAINE ADJUDANT-MAJOR AU 44ᵉ RÉG. DE LIGNE,
DOCTEUR EN DROIT.

Belli ac pacis sunt sua jura.
GROTIUS (*De jure belli ac pacis*).

PARIS
LIBRAIRIE MILITAIRE DE J. DUMAINE
LIBRAIRE-ÉDITEUR
L. BAUDOIN et Cᵉ, SUCCESSEURS
RUE ET PASSAGE DAUPHINE, 30.

1881

LA

GUERRE CONTINENTALE

ET LES PERSONNES.

DROIT INTERNATIONAL

LA

GUERRE CONTINENTALE

ET

LES PERSONNES

PAR

JULES GUELLE

CAPITAINE ADJUDANT-MAJOR AU 44ᵉ RÉG. DE LIGNE,
DOCTEUR EN DROIT.

Belli ac pacis sunt sua jura.
GROTIUS (*De jure belli ac pacis*).

PARIS

LIBRAIRIE MILITAIRE DE J. DUMAINE

LIBRAIRE-ÉDITEUR

L. BAUDOIN et Cᵉ, SUCCESSEURS

RUE ET PASSAGE DAUPHINE, 30.

1881

PRÉFACE.

Il y a quelques mois, l'*Institut de Droit interna-tional* ayant, dans une dernière séance à Oxford, adopté un *Manuel des lois de la guerre*, M. Bluntschli, professeur de droit à Berlin, l'envoya au maréchal de Moltke en lui demandant son approbation.

Le maréchal répondit par une lettre (1) dans laquelle, après avoir réhabilité en passant la guerre, il se déclare peu partisan de l'œuvre entreprise par l'Institut. D'après lui, le moyen le plus sûr de diminuer les horreurs de la guerre c'est l'éducation pour les masses, pour les chefs une loi à laquelle ils se conforment autant que le permettent les circonstances de la guerre, et enfin l'exclusion dans la lutte des *moyens condamnables*. Quelle sera cette éducation en vue de la guerre, quelle doit être cette loi

____

(1) Lettre de M. de Moltke du 11 décembre 1880. — Voyez *Le Parlement*, du 3 février 1881.

que s'imposera le chef militaire, et enfin quels sont les moyens condamnables auxquels il est interdit de recourir ? Le maréchal ne le dit pas ; et c'est parce que nous croyons que tout cela a besoin d'être dit, que nous avons écrit ce livre. On y trouvera exposées les règles du droit des gens sanctionnées par l'opinion des nations civilisées. C'est assez dire qu'elles ne peuvent être partout de mise et qu'elles deviendraient inutiles, dangereuses même, si on tentait de les appliquer soit à des malfaiteurs qui sont un danger permanent et doivent être mis hors la loi, soit à des peuples barbares et sauvages qui, loin de tenir compte des ménagements commandés par l'humanité, en abuseraient pour y répondre par un redoublement d'audace et de férocité. Ceux-là aussi doivent être traités avec une rigueur toute exceptionnelle, puisqu'on ne peut les dompter que par la frayeur et les soumettre que par la force.

Même entre nations civilisées, nous ne nous flattons pas de l'espoir que toutes les limites posées dans ces quelques pages seront respectées du jour au lendemain ; il faut les considérer comme un *desideratum*, se dire : *voilà comment la guerre devrait se faire,* et tâcher de se rapprocher le plus possible des règles tracées.

Notre travail n'a pas d'autre but, nous le dédions non-seulement à l'armée, mais aussi à tous ceux qui ont souffert des excès de la dernière guerre et qui sont soucieux d'étudier les moyens d'empêcher le retour de pareilles calamités.

Rennes, le 15 août 1881.

LA

GUERRE CONTINENTALE

ET LES PERSONNES.

Belli ac pacis sunt sua jura.
GROTIUS (*De jure belli ac pacis*).

LA

GUERRE CONTINENTALE

ET LES PERSONNES.

INTRODUCTION.

« L'opinion, a dit Pascal, est la reine du monde, la force en est le tyran. » En inscrivant cette belle pensée en tête de notre étude, il nous a semblé que ce serait à la fois en indiquer et en résumer l'esprit. La guerre sans frein serait une chose horrible et « ferait croire à une lutte contre quelque bête farouche ou quelque monstre étrange ennemi du genre humain » (Bossuet). De là, la nécessité de poser des limites à la force brutale ; de là. les lois de la guerre réclamées par l'opinion, sanctionnées par elle et acceptées aujourd'hui par la presque totalité des nations civilisées.

Mais qu'entend-on par lois de la guerre ?

Est-ce simplement l'application des règles de la stratégie ; est-ce même, comme l'ont prétendu certains apôtres du militarisme, l'exercice de la force régulière devenue dominante et imposant ses lois ; ce que Montesquieu appelait « le code de l'homicide », et Voltaire « le code du meurtre » ?

Non certes, ces lois ont un but plus élevé, une portée plus grande. Abolir les usages barbares admis
autrefois pendant la lutte ; tracer la limite où doit
s'arrêter l'emploi de la force ; distinguer le paisible
citoyen du combattant ; enseigner l'humanité envers
les blessés et les prisonniers, les égards dus au courage malheureux, le respect de la propriété privée ;
en un mot, civiliser la guerre : voilà le but de ces lois
qui parlent plus haut que la voix du canon, et des-
quelles il n'est plus vrai de dire : *Inter arma*, *silent
leges*.

On a fait contre l'existence de ces lois plusieurs objections ; voici les principales :

1° On a dit d'abord : Comment admettre des lois
là où la force prime le droit ; la guerre n'est-elle
pas la négation même du droit, la substitution de la
force à la justice ; un général a-t-il d'autre loi que
celle de vaincre ?

Nous répondrons : Oui, sans doute, la guerre est
un appel à la force, mais non à la force libre de toute
entrave ; son emploi est limité par le principe même
qui le justifie, et ce principe c'est la nécessité. Lors
donc qu'à la guerre une chose n'est plus nécessaire,
lorsqu'on peut sans elle obtenir satisfaction de l'ennemi, cette chose n'est plus permise. Ou la guerre est
un fait illégitime, et il n'y a qu'à tout laisser faire ;
ou elle est légitime, et l'on doit par cela même la
réglementer.

2° La guerre, en mettant fin aux bonnes relations
qui existaient entre deux peuples, rompt tout accord,
tout traité ; il n'y a plus de loi commune entre eux ;

comment exiger du vainqueur qu'il ne viole pas les lois de la guerre, qu'il s'arrête dans sa victoire et n'en pousse pas les conséquences jusqu'aux dernières limites? Qui donc l'en empêcherait?

La réponse à cette objection est facile : C'est précisément lorsque la guerre déchire les traités et brise l'accord entre les belligérants, qu'il y a nécessité de proclamer des lois qui, elles, ne seront ni déchirées ni brisées, d'abord parce que leur source est la même pour tous les peuples ; ensuite parce que, résultat de l'accord de tous, elles subsistent malgré le désaccord de quelques-uns ; enfin parce qu'elles ont justement prévu la guerre et les cas qui peuvent s'y présenter : des blessés à secourir, des projectiles à employer, des prisonniers à faire, etc. — Elles seront souvent violées, dites-vous ; cela est possible, probable même, mais elles ne cesseront pas pour cela d'exister, et tôt ou tard elles trouveront l'opinion pour les venger des atteintes subies.

3° Enfin, au nom de l'humanité, on a prétendu qu'il valait mieux une guerre sans merci qu'une guerre mitigée par des lois préservatrices. Plus les guerres seront terribles, plus elles seront courtes et plus aussi elles deviendront rares ; les nations effrayées les redouteront comme un fléau et leur souvenir sera maudit.

C'est là, il faut en convenir, un audacieux paradoxe ; c'était la thèse des Allemands bombardant nos villes en 1870 ; ce ne sera pas la nôtre. Chercher le bien des peuples dans l'excès de leurs maux, et exploiter les horreurs de la guerre pour ramener la paix,

sont des voies dangereuses qui répugent à l'humanité
et conduisent le plus souvent au résultat opposé. Le
sang appelle le sang, et les excès les représailles; le
souvenir des maux passés entretient le désir de la
vengeance. C'est la paix qu'on a voulu, c'est la guerre
qu'on aura. Car « il y a des guerres vicieuses, des
guerres de malédiction, les nations en sont blessées
à mort; alors vous pouvez voir le vainqueur lui-
même dégradé, appauvri, et gémissant au milieu de
ses tristes lauriers (1). »

Il faut donc l'admettre; à l'heure actuelle il existe
des lois de la guerre. Le père du droit des gens, Grotius (2), en posa les premiers fondements dans son
traité *De jure pacis ac belli*, publié en Hollande à la
fin du xvie siècle. Toutes ses théories sont basées sur
l'humanité et la charité. C'était beaucoup pour l'é-
poque, ce ne serait plus suffisant aujourd'hui ; il faut
autre chose que des devoirs imparfaits pour fonder
des droits et réprimer les passions humaines.

Au xviiie siècle, Vattel (3), dans son livre *Du droit*,
reprit la thèse de Grotius, tempéra ce que ses idées
avaient de trop rigoureux et consacra dans une exposition claire et brillante les principes et les usages plus
humains adoptés par les armées permanentes.

Voilà quels furent les débuts. Après Grotius et

---

(1) Joseph de Maistre, *Soirées de Saint-Pétersbourg*.

(2) Grotius écrivait sous l'impression des horreurs de la guerre
de Trente Ans ; il les blâme, mais timidement, et au seul point de
vue de la morale et de la raison ; il n'invoque le droit internatiö-
nal que pour défendre d'abuser des femmes.

(3) Né à Neufchâtel.

Vattel, Kant et de Martens, le Portugais Pinheiro Ferreira, les Américains Wheaton et Lieber, Pascal Fiore en Italie, Bluntschli en Allemagne, Calvo en Espagne, continuèrent l'œuvre, l'agrandirent, la vulgarisèrent et en firent, grâce à leurs efforts, leurs recherches et leur savoir, une des branches acceptées des lois humaines.

Les conquêtes ont été lentes, difficiles, mais qui ne s'inclinerait devant les résultats obtenus !

L'humanité relevée par la disparition de la traite des nègres ; les mers rendues libres par l'abolition de la course ; les prisonniers traités avec humanité ; les projectiles réglementés à Saint-Pétersbourg ; les soins aux malades et aux blessés organisés à Genève ; la théorie funeste des représailles condamnée ; et, comme couronnement de l'œuvre, les nations civilisées unanimes à reconnaître les deux principes suivants, qui sont le fondement des lois de la guerre moderne :

1° *La guerre ne donne aucun droit qui ne soit nécessaire à sa fin.*

2° *La guerre n'est pas une relation d'hommes, mais une relation d'Etats ; le droit des gens ne permet pas que le droit de guerre et le droit de conquête qui en dérive, s'appliquent aux citoyens pacifiques et sans armes, à leurs habitations, à leurs propriétés, etc., en un mot, au personnel et aux choses des particuliers* (1).

Ainsi la guerre s'adresse aux Etats (2), non aux

______

(1) Lettre de M. de Talleyrand. *Moniteur universel*, 5 déc. 1806.

(2) Portalis disait : « Entre deux ou plusieurs nations belligérantes, les particuliers dont ces nations se composent ne sont en-

individus ; Napoléon le proclamait en 1806, le roi de
Prusse l'a répété en 1870 (1), et un jurisconsulte
prussien, Bluntschli, établit de la façon suivante le
critérium de cette distinction entre les armées et la
population paisible, entre les richesses publiques et
la fortune des particuliers (2) : « En tant que simples particuliers, les individus ne sont pas ennemis ;
en tant que citoyens d'un Etat donné, ils participent
à l'inimitié des Etats auxquels ils appartiennent.
Pour tout ce qui concerne les droits privés, c'est le
pied de paix et les droits admis en temps de paix qui
font règle. Dès que le droit public est en cause, le
pied de guerre commence et les lois de la guerre
entrent en vigueur. »

Ces progrès réalisés ne seront pas les derniers ;
on ne peut aller en arrière sans retourner à la barbarie, il faut donc marcher en avant dans cette voie, en
prenant toujours pour devise : *Plus ultrà.*

On l'a si bien compris, qu'au lendemain même de
cette terrible lutte entre l'Allemagne et la France qui,
en remettant tout en question, semblait un démenti
jeté aux espérances de paix et de civilisation, de nouveaux efforts ont été faits pour coordonner et répandre
les lois de la guerre. La conférence de Bruxelles, bien
qu'elle n'ait eu qu'un résultat purement théorique, est

---

nemis que par accident ; ils ne le sont pas comme hommes ; ils ne
le sont pas même comme citoyens : ils le sont uniquement comme
soldats. »

(1) « Je ne fais pas la guerre au peuple français. » Proclamation
du roi de Prusse, août 1870.

(2) Bluntschli, *Le Droit international codifié*, introduction, p. 33.

une preuve de la vitalité des principes posés. Malgré les résistances intéressées de certains gouvernements, les idées marchent, les aspirations se produisent plus nettes et plus vives, et tôt ou tard il faudra bien compter avec elles.

Les malheurs des pères, a-t-on dit, doivent servir de leçon aux enfants ; à eux d'en profiter.

Etudions donc la guerre, puisqu'elle reste, pour longtemps encore, dans les accidents probables de la vie des peuples ; c'est le moyen le plus sûr pour arriver à la restreindre dans les seules limites permises pour la défense légitime et le triomphe des droits que l'on revendique.

___

LA GUERRE.

___

I. — DÉFINITIONS ET DIVISIONS.

L'origine étymologique du mot *guerre* se trouve dans l'Allemand *wehr* (défense) et *gewehr* (armes). Dans le moyen âge on disait : *werra*, d'où est venu *gwerra* puis *guerra* (1)

Le mot *guerre* signifie donc à proprement parler la défense d'une nation contre ses ennemis.

D'autres définitions ont été données ; voici les principales :

« Un débat qui se vide par la force. » (Grotius.)

« Un état dans lequel on poursuit son droit par la force. » (Vattel.)

« Un état permanent de violences indéterminées. » (de Martens.)

« L'art de paralyser les forces ennemies. » (Pinheiro-Ferreira.)

« L'ensemble des actes par lesquels un Etat ou un peuple fait respecter ses droits en luttant les

___

(1) Les Hollandais disent *weer* et les Anglais *war* (Ortolan).

armes à la main, contre un autre Etat ou un autre peuple. » (Bluntschli.)

De ces définitions, dont la dernière semble la plus vraie et la plus complète, aucune ne comprend le cas de la guerre civile ; pour combler cette lacune, Calvo propose la définition suivante :

« La guerre est cet état anormal d'hostilité qui se substitue aux relations de bonne harmonie de nation à nation ou entre concitoyens appartenant à des partis politiques différents, et qui a pour objet de conquérir par la force des armes ce qu'on n'a pu obtenir par les voies pacifiques et amiables. » Cette définition a en outre le mérite, selon nous, d'indiquer nettement que la guerre ne doit venir qu'en dernier lieu, comme *ultimum subsidium*, après que l'on a épuisé tous les autres moyens pacifiques de conciliation.

On a fait un grand nombre de divisions et de classifications des guerres. Les publicistes reconnaissent les guerres *offensives* et *défensives*, *principales* et *d'intervention*, *publiques privées* et *mixtes*, *légales* et *illégales*, etc. Pour les historiens, les guerres sont tantôt classées par époques : guerres *anciennes*, *du moyen âge*, *des temps modernes* ; tantôt suivant les contrées : guerres *européennes*, *africaines*, *d'Italie*, *de Crimée*, *d'Allemagne* ; tantôt suivant leur durée : guerres *de Cent ans*, *de Trente ans*, *de Sept ans*, etc.

Tout cela est étranger au but que nous poursuivons, et la seule question intéressante pour nous est de savoir si les lois de la guerre, que nous allons étudier, sont applicables à toutes les luttes armées.

A ce point de vue, il existe une division fort importante en : 1° guerres *privées ;* 2° guerres *publiques;* 3° guerres *civiles.*

1° *Guerres privées.* — Les guerres privées sont celles qui ont lieu de particulier à particulier. Elles étaient fréquentes sous le régime féodal soit entre seigneurs jaloux de leur droit de faire la guerre; soit entre individus recourant, pour vider leurs différends, au duel judiciaire avec épreuves.

Cette dernière forme, la seule qui présente le vrai caractère de la guerre privée, s'appelait aussi *Jugement de Dieu;* on croyait alors que Dieu dans sa justice devait toujours faire triompher la bonne cause, et on le mettait en quelque sorte en demeure de se prononcer (1).

Aujourd'hui les guerres privées n'existent plus et le seul vestige qu'elles aient laissé, le **duel**, tombe sous l'application de la loi pénale.

2° *Guerres publiques.* — Les guerres publiques sont celles « qui ont lieu avec la sanction des pouvoirs suprêmes, entre États souverains et indépendants » (Wheaton).

Elles sont ordinairement précédées d'une déclaration ou notification préalable qui sert d'avertissement aux citoyens, à la nation ennemie et aux neutres.

---

(1) Les ordonnances de saint Louis qui substituèrent la justice des juges à la prétendue justice de l'offensé et plus tard l'institution d'un recours spécial « l'appel au roi » amenèrent peu à peu la disparition du duel judiciaire.

Elles donnent aux deux parties belligérantes tous les droits de la guerre, et c'est à elles que s'appliquent dans leur plénitude les lois que nous allons étudier.

3° *Guerres civiles*. — Les guerres civiles sont celles qui éclatent entre concitoyens dans l'intérieur même d'un État.

Ici se place une question délicate : dans quelle mesure les lois de la guerre sont-elles applicables aux guerres civiles ? Les deux partis en présence seront-ils dans la situation de deux belligérants, et les États neutres devront-ils leur reconnaître ce titre ?

La plupart des auteurs distinguent entre ce qu'ils appellent les guerres civiles proprement dites, par exemple quand deux grands partis politiques sont en lutte pour faire prévaloir une forme de gouvernement, et les simples rébellions dont les auteurs violent les lois intérieures du pays et commettent des actes regardés et punis comme crimes ou délits de droit commun. Dans le premier cas ils reconnaissent à chacune des parties engagées le caractère et les droits de belligérant, non seulement à l'égard de son ennemi, mais même à l'égard des États qui restent neutres ; ils les refusent dans le second.

Ces distinctions nous paraissent difficiles (1) et périlleuses, et nous croyons qu'en droit il y a, entre

---

(1) « On peut dire qu'au fond toutes les insurrections ou les révolutions intérieures participent du caractère des guerres civiles. » Calvo, *Droit international*, t. II, p. 18.

toute guerre civile et la guerre proprement dite, une différence capitale qui empêche l'assimilation.

Cette différence, la voici :

Entre belligérants ordinaires, il n'y a ni souverain commun ni loi commune ; c'est pour cela qu'on a été amené à soumettre leurs rapports dans la lutte à des lois spéciales ; de là les lois de la guerre.

Au contraire, entre les rebelles il y a un souverain commun, le chef de l'Etat ; une loi commune, la loi de leur pays. Donc pour les juger il faut se placer non plus au point de vue du droit des gens, mais au point de vue du droit public et de la loi du pays. Par suite, si les lois de la guerre interviennent dans la lutte, ce ne pourra être qu'à titre d'humanité, afin d'éviter de donner carrière aux représailles et aux excès de toute nature. Mais une fois la lutte terminée, l'action de la justice un moment suspendue, reprendra son cours.

Cela est si vrai, que nous voyons toujours les guerres civiles se terminer, après la victoire d'un parti, soit par des mesures de clémence, soit par le jugement des tribunaux ; tandis que rien de tout cela n'a lieu en cas de guerre publique.

II. — LA GUERRE AU OINT DE VUE PHILOSOPHIQUE.

Au point de vue philosophique, la guerre a été et est encore diversement jugée ; essayer seulement de résumer les opinions émises, dépasserait le cadre de cette étude ; bornons-nous à examiner les questions suivantes :

1° La guerre est-elle légitime ?

2° La guerre est-elle un bien ou un mal ?

3° La guerre doit-elle un jour disparaître ?

1° *La guerre est-elle légitime?* — Cette question préoccupa peu l'antiquité et ne fut guère posée qu'au moyen âge, sous l'influence des idées chrétiennes. Le Christ avait dit : « *Que la paix soit avec vous. Pardonnez à vos ennemis. Ne résistez pas à celui qui vous fait injure* ». N'était-ce pas condamner la guerre. Beaucoup le crurent et le soutinrent ; Grotius, après saint Augustin, combattit cette opinion, et essaya de démontrer qu'il n'y avait là que des préceptes de morale, non des règles de droit, et que l'Evangile, tout en faisant de la paix l'état par excellence, n'était cependant pas absolument contraire à la légitimité de la guerre.

Dans les temps modernes, la légitimité de la guerre est admise directement ou indirectement par la plupart des auteurs.

On la fonde généralement sur le droit de légitime défense.

« La vie des États, dit Montesquieu dans l'*Esprit des lois*, est comme celle des hommes. Ceux-ci ont le droit de tuer dans le cas de défense naturelle ; ceux-là ont le droit de faire la guerre pour leur propre conservation. Dans le cas de défense naturelle, j'ai droit de tuer, parce que ma vie est à moi, comme la vie de celui qui m'attaque est à lui ; de même un Etat fait la guerre, parce que sa conservation est juste comme toute autre conservation. Le droit de la guerre dérive donc de la nécessité et du juste rigide. »

Partant de cette idée, certains publicistes et entre autres Heffter ne considèrent la guerre comme juste que dans le cas et dans les limites de la légitime défense. Nous pensons comme lui, mais à la condition d'entendre d'une façon large les droits de défense d'un État. Il doit lui être permis de recourir aux armes, non seulement quand il est violemment dépossédé, matériellement attaqué, mais aussi quand il est entravé dans l'exercice de ses droits légitimes, ou sérieusement menacé dans son indépendance. Ainsi par exemple, il peut y avoir cause légitime de guerre dans le fait de l'agrandissement d'un État limitrophe qui manifeste l'intention de s'étendre à l'infini aux dépens et au préjudice des autres.

On peut également justifier la guerre entreprise par un État pour venir au secours d'un autre injustement attaqué ; car il faut ici, comme en droit pénal, admettre la légitime défense non seulement de soi-même, mais encore d'autrui.

Par contre, il faut condamner et flétrir les guerres d'ambition et de conquêtes ; celles qui ne sont basées que sur l'intérêt ; celles qui se font sous prétexte de civilisation, de différence de religions (1). Il y a d'autres moyens d'action pour faire connaître la vérité ou amener le progrès ; et comme le dit M. Laboulaye :

---

(1) Le traité de Westphalie en 1648 a posé en principe que la différence de religion ne peut autoriser la guerre.

2

« On gâte le Christianisme quand on s'en va en Chine soutenir ou venger nos missionnaires à coups de canon ».

Enfin le recours aux armes doit être le dernier (*ultima ratio*) et non le premier moyen de faire respecter ses droits ; par suite il faut poser en principe qu'il n'est permis de faire la guerre, même pour un motif légitime, qu'après avoir fait usage inutilement de tous les moyens pacifiques pour obtenir satisfaction (1).

2° *La guerre est-elle un bien ou un mal ?* — L'histoire de la guerre dans le monde entier est en quelque sorte celle du monde lui-même ; tour à tour fondant, détruisant et reconstruisant les Etats, elle est, dit Portalis (2), « le résultat inévitable du jeu des passions humaines dans les rapports des nations entre elles. »

Quels en sont les effets sur les mœurs publiques et sur la civilisation ?

Ecoutons d'abord Joseph de Maistre : « Les véritables fruits de la nature humaine, les arts, les sciences, les grandes entreprises, les hautes conceptions, les vertus mâles tiennent à l'état de guerre. On sait que les nations ne parviennent jamais au plus haut point de grandeur dont elles sont susceptibles qu'après de longues et sanglantes guerres... On dirait

---

(1) Voyez Bluntschli, *Droit international.* — *Règle* 520.
(2) Portalis, *De la guerre considérée dans les rapports avec le destinées du genre humain.*

que le sang est l'engrais de cette plante qu'on appelle le génie. »

Le docteur Lieber considère la guerre comme un puissant élément de civilisation. Selon M. Ortolan, elle n'est pas toujours un mal : « elle retrempe les caractères amollis et viciés par une longue paix, et elle est un moyen de propagation des idées généreuses et du progrès (1). »

L'opinion contraire, hâtons-nous de le dire, compte, surtout depuis 1870, des partisans éloquents et convaincus. A côté de M. Bluntschli qui se contente de faire des restrictions, M. Ch. Sumner, un des membres les plus éminents du Sénat des États-Unis, proclame que la guerre est un acte de barbarie ; et M. Lucas, membre de l'Institut de France, propose en 1874 à la conférence de Bruxelles, d'inscrire en tête de ses décisions la déclaration suivante : *La guerre est un mal, tant en raison des calamités qu'elle entraîne, que parce qu'elle substitue les sanglantes et hasardeuses solutions de la force à celles du droit.*

Ainsi d'une part l'éloge de la guerre, de l'autre sa condamnation. Entre ces opinions contraires, où est la vérité ?

La guerre, dit-on dans la première, est un élément de civilisation et de progrès ; admettons que cela soit

---

(1) Voyez également : De Parieu, *Science politique*, p. 338. — Lerminier, *Philosophie du Droit*, p. 60. — Heffter. — Halleck. — Ch. Giraud. — *Contra*, Bluntschli, op. cit. — Sumner, *Le Duel de la France et de l'Allemagne*. — Achille Morin, op. cit.

vrai, mais demandons-nous à quel prix. On a calculé que dans notre siècle, et avant la lutte meurtrière de 1870, la guerre avait fauché 10 millions d'hommes. Est-ce donc là un moyen de civilisation à préconiser, et n'est-il pas permis de penser et de dire que, sous ce rapport, la guerre est bien inférieure à la paix qui, laissant libre essor au commerce et à l'industrie, favorise d'une manière plus énergique et plus sûre le contact, l'échange des idées, et les relations entre les peuples?

Si la guerre développe la bravoure, le courage, les qualités civiles, elle développe en même temps la haine des hommes contre leurs semblables, l'habitude de voir couler le sang, les instincts de pillage et de destruction.

Avant d'entonner un hymne à la victoire, il faut prêter l'oreille aux cris de douleur et de souffrance des malheureux que la lutte a brisés ; avant de faire l'apologie de la guerre, dans l'ordre moral et économique, il faut, pour être impartial, mettre dans l'autre plateau de la balance les maux qu'elle entraîne à sa suite : les excès de la force, le pillage, la ruine, l'incendie, des milliers de vies et de fortunes humaines détruites, le principe de l'autorité diminué chez le vaincu, en même temps que la cause de la liberté est compromise chez le vainqueur.

En résumé, nous croyons qu'en principe la guerre est un fléau ; et si parfois, des maux qu'elle produit surgit quelque bien, on peut y voir tout au plus une circonstance atténuante, jamais une justification et encore moins un résultat à glorifier.

3° *La guerre doit-elle un jour disparaître?* En posant cette question qui n'est point du domaine juridique, nous n'avons pas la prétention de la résoudre à la satisfaction de tous, car, sur ce point encore, les opinions sont divisées.

Pour ceux qui, comme Joseph de Maistre, font de la guerre une institution divine et y voient un effet de la colère de Dieu qui vient à certaines époques châtier et laver dans le sang les crimes des humains, il est évident qu'elle doit durer autant que les causes qui la produisent, c'est-à-dire jusqu'aux derniers jours du monde. Nous repoussons cette opinion ; elle nous semble contraire, non seulement aux préceptes de l'Evangile, mais encore à l'idée de la justice divine dont les desseins ne sauraient être de faire payer aux innocents les fautes des coupables, ce qui arrive presque toujours à la guerre.

Parlerons-nous de cette thèse étrange qui prétend faire de la guerre une espèce de soupape de sûreté, un dégagement au trop plein de la population que, sans cela, la terre serait impuissante à nourrir? — C'est pousser la statistique jusqu'à l'odieux. En quoi donc les dix millions d'hommes, dont nous parlions plus haut, et qui ont péri dans ce siècle victimes de la guerre, auraient-ils gêné leurs semblables? L'homme est petit et la terre est grande ; et il y a place pour tous ceux qui naissent, vivent et travaillent. D'autres causes d'ailleurs viennent terminer ou abréger assez vite la vie humaine, sans qu'il soit besoin des hécatombes du champ de bataille.

On dit encore : Ce qui a été sera ; la guerre a tou-

jours existé, donc elle existera toujours.— Pourquoi?
Y a-t-il dans la vie des peuples, comme dans la vie
physique des lois inflexibles? Si la matière immobile
a des lois fixes comme elle, en est-il de même de l'individu; niera-t-on sa perfictibilité; et si on l'admet,
comment ne pas admettre celle des nations qui sont
la collection des individualités humaines?

Sans rééditer les idées de Grotius, les rêveries de
l'abbé de Saint-Pierre sur la paix universelle (1), non
plus que les systèmes analogues de Jean-Jacques, de
Bentham, de Kant et Fichte, n'est-il pas permis de
s'associer aux esprits généreux de notre époque, et
ils sont nombreux, qui affirment, ou du moins laissent entrevoir comme possible dans l'avenir, la disparition de la guerre?

Comme eux, nous avons foi dans le mouvement
qui emporte le monde, et nous croyons au respect de
plus en plus grand de la personne humaine. Les
guerres privées, l'esclavage, la traite ont disparu;
pourquoi la guerre publique ne disparaîtrait-elle pas
à son tour; et s'il y a de la hardiesse à l'espérer, n'y
en a-t-il pas plus encore à le nier?

Sans doute on n'y parviendra que lentement et par
des conquêtes successives; mais que l'on arrive à
faire admettre la nécessité de soumettre les conflits à

---

(1) L'abbé de Saint-Pierre attribuait à Henri IV et à Sully les
idées de son *Projet de paix perpétuelle,* projet qui fit dire à Leib-
nitz : « Je me souviens de la devise d'un cimetière, avec ces mots,
pax perpetua, car les morts ne se battent point ; mais les vivants
sont d'une autre humeur. »

l'arbitrage avant de les décider par la force; que l'on revienne au principe même qui légitime la guerre, et qu'elle ne soit permise que dans le cas de légitime défense; ces deux jalons posés sur la voie du progrès, qui peut dire où l'œuvre de conciliation et de paix s'arrêtera dans son essor?

III. — PLAN ET DIVISIONS DU SUJET.

Lorsque la guerre vient troubler la bonne harmonie entre deux nations, des malheurs inévitables ne tardent pas à se produire, et particulièrement sur le théâtre des hostilités, les personnes et les biens ont à souffrir de graves atteintes. Ne visant que la guerre continentale, nous aurions voulu, tout au moins, pouvoir traiter à la fois ces deux côtés de la question, mais cela eût entraîné trop loin; forcé de nous limiter, nous étudierons seulement les effets de la lutte par rapport aux personnes.

Prenant la guerre à son début, c'est-à-dire à sa déclaration, nous la suivrons dans son développement pendant les hostilités, dans ses arrêts momentanés, armistices, suspensions d'armes, et nous arriverons ainsi aux traités qui la terminent et amènent le retour de la paix; enfin comme complément, nous exposerons rapidement dans un appendice la situation faite par la guerre aux États qui restent neutres.

Déclaration de guerre, hostilités, suspension provisoire et fin de la lutte, telles sont les grandes lignes de notre travail.

Dans l'étude de ces diverses phases, nous partirons toujours de cette idée principale, que la guerre se fait entre les États et non entre les citoyens; ce qui nous amènera à séparer les belligérants spécialement exposés aux chances de la guerre, des simples citoyens qui, en principe, doivent toujours être respectés. Pour les uns et les autres, nous aurons ensuite à examiner les nombreuses hypothèses résultant des situations diverses où ils peuvent se trouver.

Pour éviter l'arbitraire et l'incertitude nous ne laisserons rien à la fantaisie et à l'imagination; notre règle invariable sera de ne donner sur chaque question, que les solutions justes et rationnelles déjà formulées et acceptées; comme aussi d'éviter dans le choix de nos exemples tout ce qui ne serait pas à la fois rigoureusement exact et soigneusement contrôlé à des sources certaines.

En un mot, nous voulons faire une étude de doctrine et non un travail de polémique. Pour cela nous nous tiendrons toujours en dehors des entraînements de la passion, et nous chercherons à nous dégager de l'influence de pénibles souvenirs; non que nous aspirions à les oublier, mais parce que notre but est d'y chercher des enseignements utiles et non d'amères et injustes récriminations.

TITRE PREMIER.

DE LA DÉCLARATION DE GUERRE ET DE SES EFFETS IMMÉDIATS QUANT AUX PERSONNES.

CHAPITRE PREMIER

DÉCLARATION DE GUERRE. — NOTIONS HISTORIQUES. PROCÉDÉS ACTUELS.

L'usage d'une déclaration préalable avant de commencer la guerre, est de tradition très ancienne. Les Romains y voyaient une condition nécessaire du *justum bellum*, et l'histoire nous a conservé dans tous ses détails, la procédure solennelle qu'ils employaient en pareille circonstance (1).

---

(1) La guerre pour être conforme au droit (*justum ac pium bellum*) ne pouvait être déclarée que quand le peuple étranger se refusait à donner satisfaction aux griefs qui lui étaient imputés par le peuple romain.

A cet effet une députation de *Feciales* était chargée avant tout de demander réparation (*ad res repetendas, clarigatio*). Au moment de passer la frontière du peuple étranger, le *pater patratus*, en prenant Jupiter comme témoin de la vérité de ses affirmations, prononçait à haute voix la plainte du peuple romain.

Il la répétait au premier habitant qu'il rencontrait sur le territoire étranger, à la porte et au forum de la ville où résidait le pouvoir du peuple étranger. Il donnait à celui-ci un délai de trente jours ; le trente-troisième jour s'il n'avait pas obtenu satisfaction

Au moyen-âge on avait recours aux *lettres de défi*, et l'on devait en outre, sous peine de manquer aux lois de l'honneur, laisser écouler un délai de trois jours, entre l'avis donné et l'ouverture des hostilités.

A partir du xve siècle jusque vers le milieu du xviie, l'usage s'établit de signifier la guerre par l'envoi de *hérauts d'armes* (1). Puis vinrent les déclarations imprimées; Calvo cite, comme exemple, celle qui fut publiée au nom du roi d'Angleterre Charles II contre les Hollandais en 1671.

Jusque là on avait suivi la tradition sans songer à mettre en discussion la nécessité de ces formalités préliminaires; l'Angleterre la première voulut s'y soustraire dans les guerres maritimes (2); elle eut des imitateurs; et les publicistes furent amenés à controverser longuement la question.

Malgré l'avis contraire de Martens et de Klüber;

---

il répétait sa protestation solennelle, retournait à Rome, et déclarait au Sénat que, d'après le droit divin, rien ne s'opposait à la déclaration de la guerre. Une fois la guerre décidée par le Sénat et par le peuple, il fallait la déclarer formellement (*indicere bellum*). A cet effet le *pater patratus* se rendait à la frontière de l'Etat ennemi, et là, en présence d'au moins trois hommes, il proclamait qu'à cause de l'injustice du peuple ennemi, le Sénat et le peuple romain lui déclaraient la guerre, et il posait le premier acte d'hostilité en lançant un javelot sur le territoire ennemi.

(1) En 1557, la reine d'Angleterre Marie envoie un héraut d'armes à Henri II pour lui remettre en mains propres une lettre de défi. En 1635 Louis XIII suivit la même procédure pour déclarer la guerre à l'Espagne.

(2) En 1778 l'Angleterre, sans déclaration, fait main basse sur tous les bâtiments de commerce français mouillés dans ses ports. Même pratique en 1792.

Grotius, Vattel, Heffter et Hautefeuille pensent qu'une déclaration est nécessaire.

« Le jour, dit Heffter, où les nations, sans avis préalable et régulier, auront à redouter le fléau de la guerre, la bonne foi disparaîtra pour faire place à un système d'isolement et de crainte mutuelle. »

Cette doctrine a été confirmée par les décisions du congrès de Paris de 1865, et M. Bluntschli la formule en ces termes : « L'État qui commence une guerre offensive est tenu, avant de recourir aux armes, et après avoir épuisé tous les moyens pacifiques, de dénoncer son intention de faire la guerre avant l'ouverture des hostilités. » (Règle 521).

Ainsi de nos jours on admet comme nécessaire pour légitimer l'état de guerre, un fait solennel qui le constate et le rende public; ce sera, au choix des puissances, l'envoi de messagers spéciaux, un manifeste à l'adresse des intéressés ou du monde entier, ou bien encore la déclaration que l'on considérera certains actes comme un *casus belli*. Remarquons toutefois que ce dernier mode est peu recommandable; il ne constitue en réalité qu'une déclaration de guerre éventuelle, et si l'on n'est pas de bonne foi, on peut ainsi abuser de l'état d'incertitude où se trouve son adversaire pour le surprendre à l'improviste.

Si de la théorie nous passons à l'application, l'histoire contemporaine nous fournit des exemples du mode de procéder adopté en cette matière par les nations civilisées.

Au moment où le conflit arrive à la période aigüe, il est d'usage d'envoyer un *ultimatum (ultimum ver-*

bum) sous forme de note ou mémoire posant finalement les conditions auxquelles on entend régler le litige, et exprimant l'intention de ne s'en point désister.

Il n'est point nécessaire, suivant certains auteurs, de laisser un délai entre l'ultimatum et l'ouverture des hostilités, mais, dit Bluntschli, « la bonne foi et le principe que la paix doit présider aux relations des États, exigent qu'il soit laissé à l'adversaire assez de temps pour éviter la guerre en cédant sans retard. »

Le refus d'accéder à l'ultimatum entraîne la rupture des hostilités et le rappel des agents diplomatiques ; c'est alors qu'interviennent les déclarations solennelles adressées par les États à leurs sujets, à l'ennemi aux neutres ; — à leurs sujets, pour les instruire de leurs devoirs et fixer la date à laquelle commence l'état de guerre et les obligations qui en découlent (1) ; — à l'ennemi, pour signifier les hostilités, en exposer les causes et établir les règles de conduite que l'on se propose de tenir (2) ; — aux

---

(1) Proclamation de l'empereur Napoléon III en 1870. « Nous commençons une lutte sérieuse. La France a besoin du concours de tous ses enfants, etc. » (*Journal officiel*, 17 juillet).

(2) Proclamation du roi de Prusse au peuple Français. « Nous ne faisons pas la guerre aux habitants paisibles de France, et le premier devoir d'un soldat loyal est de respecter la propriété privée... Je fais la guerre aux soldats français et non aux citoyens français. Ceux-ci continueront par conséquent à jouir de toute sécurité pour leurs personnes et leurs biens, aussi longtemps qu'ils ne nous priveront pas eux-mêmes, par des entreprises hostiles contre les troupes allemandes, du droit de leur accorder ma protection. »

neutres, afin que ces derniers, dont les intérêts internationaux seront affectés, sachent à partir de quelle époque ils sont tenus d'observer les devoirs de la neutralité.

Une telle manière de procéder est absolument correcte; elle offre de précieuses garanties et il est à désirer qu'elle devienne la règle définitive pour les conflits à venir. Aussi, bien que, d'après l'opinion générale, l'État déjà attaqué et qui ne fait que se défendre, n'ait pas de déclaration préalable à faire, nous pensons qu'il ne peut que gagner à se soumettre à cette formalité et à justifier sa résistance dans un appel à l'opinion publique.

CHAPITRE II

EFFETS IMMÉDIATS DE LA DÉCLARATION DE GUERRE.

La déclaration de guerre n'inaugure pas, comme on l'a prétendu, le régime exclusif de la force physique; le droit et les lois continuent d'exister dans leur ensemble, mais avec des modifications profondes qu'il importe de signaler.

Ces modifications ont trait aux droits et à la position réciproque :

1° Des États ;
2° Des individus.

**1º Modifications apportées par la déclaration de guerre
aux droits et à la position respective des États.**

Par suite de la guerre, les États se trouvent rangés
en trois catégories bien distinctes : les belligérants,
leurs alliés et les neutres.

Des derniers, nous ne dirons rien pour le moment,
nous réservant de nous en occuper spécialement à la
fin de notre étude ; en revanche, il nous faut parler
des seconds qui peuvent, par suite de conventions
antérieures, être amenés à prendre part à la lutte ;
ils sont alors assimilés aux belligérants.

La rupture entre deux États peut s'étendre à d'autres dans les cas de confédération et d'alliance.

— S'il y a confédération, les États confédérés don-
neront naturellement leur appui à celui d'entre eux
qui entre en lutte avec une nation tierce. C'est ainsi
qu'en 1870 la Confédération de l'Allemagne du Nord
a soutenu la Prusse.

— S'il y a traité d'alliance entre États respective-
ment indépendants, il faut distinguer :

L'alliance peut être : offensive, en vue d'une guerre
à entreprendre ; seulement défensive pour le cas
d'agression ; ou bien à la fois offensive et défensive (1).

Outre les lois particulières résultant de la convention intervenue, il faut pour ces diverses alliances

---

(1) Il y a encore une autre catégorie d'alliances ; ce sont celles
qui sont conclues pour atteindre pacifiquement un but politique ;
la réunion d'un congrès, une ligne de conduite à tenir, etc. La
Sainte-Alliance de 1815 est le type le plus caractérisé de l'alliance
pacifique.

admettre comme loi générale que l'exécution n'en peut être réclamée qu'en cas de guerre juste ; les alliés ne pouvant être tenus de prendre part à une guerre dont l'injustice est évidente. De plus, l'obligation de venir en aide à un allié est tempérée et restreinte par le soin de sa défense personnelle ou l'impossibilité de fournir des troupes auxiliaires ; c'est par suite de ce principe *ultrà posse nemo tenetur,* que l'Autriche est restée neutre pendant la guerre franco-allemande (1).

Ceci posé, voyons les modifications immédiates apportées par la déclaration de guerre dans la situation des États belligérants et prenant part à la lutte comme alliés. Ces modifications concernent principalement : A les lois ; B les traités ; C les relations politiques et commerciales.

A *Les lois.* — Nous disions, au début de ce chapitre, que la guerre laissait subsister le droit existant ; cela est vrai en principe, mais en fait il arrive souvent, par suite des nécessités de la lutte, que les lois régulières établies en temps de paix sont suspendues ou modifiées, à titre de droit exceptionnel, par des lois spéciales. Ces lois, qui prennent pour ainsi dire naissance au moment de la déclaration des hostilités, sont les lois de la guerre.

B *Les traités.* — La guerre n'abroge pas plus le droit conventionnel, qu'elle n'anéantit le droit en général. Par suite, les traités conclus entre les États

---

2) Voyez Bluntschli, *op. cit.,* règle 448.

belligérants ne sont pas nécessairement suspendus ou rompus. Tout dépend du caractère particulier des engagements contractés. — Si leur exécution est incompatible avec la guerre elle-même, ils deviennent caducs ; tels sont les traités d'amitié, d'alliance et autres actes de même nature ayant un caractère politique. — S'ils sont conclus spécialement en vue de la guerre, ils n'acquièrent que plus de valeur ; telles sont les conventions sur la contrebande de guerre ; la neutralisation de certaines parties de territoire, etc. — Enfin s'ils ne se rapportent pas à la guerre ; s'ils ont pour but, par exemple, la réglementation de certaines questions de droit civil ; successions, tutelles, etc., il n'y a aucune raison pour ne pas les maintenir, puisqu'ils ne sont pas en cause et peuvent être éxécutés malgré la lutte (1).

c *Les relations politiques et commerciales.* — Quand les relations diplomatiques n'ont pas cessé, dès avant la déclaration de guerre, c'est à ce moment qu'éclate d'ordinaire la rupture. Chacun des belligérants la marque officiellement par le rappel réciproque de ses représentants.

Juridiquement cette formalité n'est pas obligatoire, mais elle est passée dans les usages internationaux, et elle est motivée par les raisons politiques suivantes : 1° Les relations amicales personnifiées par les agents diplomatiques sont inutiles et à peu près impossibles une fois la guerre entamée ;

---

(1) Voyez Calvo, *op. cit.*, tome 2, page 47. Bluntschli, règle 538.

2º Elles peuvent devenir dangereuses, à cause de la position privilégiée du représentant ennemi et des renseignements de toute nature qu'il peut recueillir et transmettre à son pays.

Ajoutons qu'après le départ des agents diplomatiques, la protection de leurs nationaux reste assurée, car il est d'usage d'en charger le représentant d'une puissance neutre (1).

Que la guerre fasse cesser les relations politiques entre États, cela semble naturel, et jusqu'à un certain point forcé ; mais qu'elle ait le même effet sur les relations commerciales qui sont d'ordre purement pacifique, cela semble au premier abord plus difficile à admettre.

C'est cependant ce qui a lieu, et sur ce point l'usage et la doctrine sont d'accord.

C'est que de nos jours, et par suite de ses immenses développements, le commerce est devenu une puissance dont il faut tenir compte. Essentiellement cosmopolite, il sera porté en temps de guerre à sacrifier par égoïsme étroit les intérêts de la patrie aux intérêts privés. Lui laisser une complète liberté ce serait augmenter directement ou indirectement les moyens de défense et les ressources de l'ennemi, gêner les opérations militaires, laisser le secret des mouvements et des forces à la merci des indiscrétions épistolaires, en un mot prolonger indéfiniment la lutte et en compromettre le succès.

---

(1) En 1870-71 les représentants des Etats-Unis et de la Suisse se chargèrent des intérêts des sujets allemands restés en France.

L'intérêt public, bien entendu, exige donc que le commerce soit momentanément sacrifié aux exigences de la guerre ; et en principe, il est admis :

Que tous les rapports entre belligérants, soit pour le commerce, la correspondance épistolaire, les voyages et tout autre but, sont absolument interdits dès l'ouverture des hostilités, sauf les exceptions spéciales que l'un ou l'autre des gouvernements intéressés a pu autoriser.

Cette règle est générale, et n'a pas besoin d'être formulée.

Mais, comme c'est là un droit auquel il est permis de renoncer si on le juge à propos, il est d'usage que chaque État détermine, au moment de la déclaration de guerre, s'il entend autoriser ou interdire à ses nationaux la continuation de leurs échanges mercantiles avec l'ennemi, et dans quelle mesure.

En cas d'interdiction complète, un délai est généralement accordé aux commerçants nationaux et étrangers pour se mettre en règle et liquider leurs affaires. Passé ce délai, toute contravention entraîne, indépendamment des peines qui peuvent être prononcées, la saisie et la confiscation des marchandises, quelle qu'en soit d'ailleurs la nation propriétaire. Les tribunaux des prises n'ont jamais hésité à appliquer rigoureusement cette mesure qu'ils regardent comme légitimée par la violation des lois de la guerre et par ce fait qu'il s'agit du corps même du délit.

En cas de tolérance complète ou partielle, les belligérants accordent des *licences de commerce*, qui ne sont autre chose qu'un sauf-conduit pour continuer sans crainte de capture les opérations commerciales.

Il faut distinguer sur ce point :

A *Les licences générales* contenant pour tous les sujets, permission absolue de faire le commerce. Elles émanent de l'autorité souveraine, et équivalent à une suspension de l'exercice du droit de guerre.

Lors de l'expédition contre la Chine en 1860, la France et l'Angleterre déclarèrent expressément que le commerce restait permis avec l'empire chinois. Cela est d'autant plus curieux à noter, que ces deux puissances admettent comme règle absolue l'interdiction de commercer entre belligérants, et ont édicté des peines sévères contre ceux qui l'enfreignent.

B *Les licences spéciales* qui sont accordées, soit pour laisser importer ou exporter certaines marchandises, soit pour permettre de voyager. Elles varient à l'infini comme formes et comme conditions, et sont généralement délivrées par l'autorité militaire.

On en fit un grand usage pendant la guerre entre les États-Unis et le Mexique, à cause de la disette de vivres, et du manque de navires dans les ports du sud de l'Union (1).

2° Modifications apportées par la déclaration de guerre aux droits et à la position des individus.

Si des États, sortes de personnes morales, nous descendons aux simples particuliers, nous trouvons comme suite immédiate de la déclaration de guerre,

---

(1) Calvo, *op. cit.*, page 78.

outre le contre-coup naturel des modifications relatives aux États, des effets particuliers très importants.

Supposons un instant que la guerre éclate entre la France et une nation voisine ; au moment du conflit il y a sur notre territoire des Français, des étrangers amis et des étrangers ennemis.

Quel va être le résultat de la cessation de l'état de paix pour ces trois classes d'individus ?

A Pour les Français il y aura passage de l'état de paix à l'état de guerre avec toutes les conséquences qui en découlent ; l'une des plus importantes sera la mobilisation de toutes les forces armées du pays et par suite le partage des habitants en deux catégories distinctes ; d'un côté les *combattants* comprenant l'armée active, les réserves, la territoriale et les corps auxiliaires, francs-tireurs, etc. ; de l'autre côté les *non combattants* comprenant tout le reste. Cette séparation est très importante, nous ne faisons ici que l'indiquer, mais nous y reviendrons en traitant la question des belligérants.

B Pour les étrangers amis, rien ne sera changé en principe dans leurs droits et leur situation à part la gêne naturelle résultant de la situation anormale que va traverser le pays.

C Pour les étrangers sujets de l'État ennemi, la question est plus délicate et demande à être soigneusement étudiée.

Autrefois on admettait, comme conséquence logique et immédiate de la déclaration de guerre, l'emprisonnement des étrangers résidant dans le pays avec lequel leur patrie était en hostilité.

Grotius voyait là un droit de représailles : « C'est, dit-il, une chose introduite, sinon par le droit de la nature, du moins par l'usage reçu partout, qu'on puisse se saisir de la personne des sujets du souverain qui ne fait pas justice. » A l'appui de cette opinion, il cite des exemples tirés de l'antiquité, et il s'efforce de démontrer qu'il y a solidarité entre l'État et les citoyens ; ces derniers devant répondre des obligations du premier.

Il y a là une erreur facile à saisir ; l'État représente les citoyens, mais la réciproque n'est pas vraie ; les citoyens doivent à l'État comme apport social, l'impôt, et à ce titre ils sont responsables à peu près comme les actionnaires d'une société ; ils ne sauraient en aucune manière, pour le reste, supporter les conséquences d'actes auxquels ils sont restés complètement étrangers.

« Le souverain qui déclare la guerre, dit Vattel, ne peut retenir les sujets de l'ennemi. Ils sont venus chez lui sur la foi publique ; en leur permettant d'entrer dans ses terres et d'y séjourner, il leur a promis tacitement toute liberté et toute sûreté pour le retour (1) ».

Aujourd'hui la théorie de Grotius est universellement abandonnée, et aucune nation civilisée n'oserait plus la mettre en pratique.

La dernière application qui en ait été faite date de 1803, à l'époque de la lutte acharnée entre la France

______

(1) Vattel, *le Droit*, livre 3 ; Grotius, *op. cit.*, livre 3. ch. 9 ; M. Guérard à son cours.

l'Angleterre. Pour répondre à l'embargo et à la confiscation des navires français dans les ports britanniques, le Premier Consul fit arrêter comme prisonniers de guerre tous les sujets anglais qui se trouvaient en France (1).

Ce sont là des procédés injustes, puisque, en résumé, c'est l'innocent qui paie pour le coupable ; il faut les repousser et admettre comme règles de droit international les propositions suivantes :

Les résidents étrangers ne sauraient être faits prisonniers, et la guerre étant une relation d'État, ne doit rien changer à leur situation.

Chaque nation a néanmoins le droit d'expulser de son territoire les résidents étrangers dès qu'ils compromettent sa sécurité (2).

---

(1) En 1850, l'Angleterre essaya de reprendre la théorie de la solidarité entre les Etats et leurs sujets, dans l'affaire d'un certain *Pacifico*, dont elle appuyait les réclamations près de la Grèce. La menace de faire saisir plusieurs navires grecs, si satisfaction n'était pas donnée, souleva en Europe et au sein même de la Chambre des lords, de vives protestations.

(2) Ce droit existe, même en temps de paix, chez la plupart des nations européennes. Ainsi l'art. 115 du Code pénal prussien punit d'emprisonnement celui qui, après avoir été expulsé du pays, y rentre sans autorisation ; de même en France, l'article 7 de la loi du 3 décembre 1849 permet au ministre de l'intérieur, par mesure de police, d'enjoindre à tout étranger de sortir immédiatement du territoire français et de le reconduire à la frontière. En temps de paix cette mesure peut être critiquée au point de vue du droit international ; elle est en effet une restriction purement arbitraire du droit qu'ont les étrangers d'habiter et de résider en France. Ils ne peuvent être privés de ce droit que par méfait ou délit, et la connaissance des délits n'appartient pas à l'administration mais aux tribunaux (M. Guérard, à son cours).

Quant à ceux que leur gouvernement rappelle pour les faire entrer dans les rangs de son armée, il est permis à chaque nation de s'opposer à leur départ, en vertu de ce principe que les Etats belligérants ne sauraient être tenus de se fournir mutuellement des ressources pour accroître leurs moyens de défense.

En 1870 la France se conforma de la manière la plus exacte à ces règles, et son attitude, absolument correcte au point de vue international, peut être citée comme exemple. Au moment de la déclaration de guerre, il y avait dans notre pays plus de 100,000 Allemands, dont 35,000 environ résidaient à Paris. Certes, un pareil chiffre pouvait inspirer des inquiétudes au point de vue de la sécurité intérieure et des intelligences possibles à l'extérieur avec l'ennemi. Néanmoins le *Journal officiel* du 21 juillet 1870 porte que « les sujets de l'Allemagne du Nord, résidant actuellement en France ou dans les colonies, seront autorisés à y continuer leur résidence, tant que leur conduite ne fournira pas de sujets de plainte ; les admissions nouvelles de tels sujets sur le territoire français seront soumises à des autorisations spéciales. »

Quand plus tard l'invasion vint accroître le danger au point que la présence des résidents allemands devint un péril pour le pays et pour eux, il fallut arriver à l'expulsion générale. Cette mesure fut décrétée le 28 août, en prévision du siège de Paris, pour tous les Allemands habitant la capitale. Encore eut-on soin de prendre tous les ménagements compatibles avec la sécurité du pays ; on accorda des permis de

séjour sur demande et avec justification, et comme on
ne pouvait, à cause des circonstances, donner un
délai pour le départ, on confia le rapatriement aux
bons offices des agents diplomatiques qui avaient ac-
cepté la mission de représenter et de protéger les sujets allemands (1).

Quant aux résidents étrangers rappelés pour faire
partie de l'armée ennemie, la France usant strictement de son droit, a pu leur refuser l'autorisation de
quitter son territoire ; seulement comme ils n'étaient
pas encore soldats, et qu'ils conservaient par suite le
caractère de simples particuliers, on les laissa libres
tant que leur conduite ne fournit aucun sujet de
plainte.

Après cet exposé impartial des faits, il est permis
à bon droit de demander sur quelles bases plausibles
l'Allemagne a pu fonder la demande de 100 millions
qu'elle a fait figurer dans le chiffre de l'indemnité de
guerre, comme dédommagement du préjudice causé
à ses ressortissants par la mesure d'expulsion.

---

(1) La mesure d'expulsion fut ainsi menée à bonne fin, et en somme,
quand Paris fut investi, il ne s'y trouvait plus guère qu'une cen-
taine d'Allemands ne présentant aucune garantie, gens sans aveu
qu'aucun agent diplomatique n'avait consenti à prendre sous sa
protection. — Voyez Achille Morin, *Lois relatives à la guerre*,
tome 1er, page 168.

TITRE II.

DES HOSTILITÉS.

La guerre étant déclarée, la lutte va s'engager ; afin de la suivre pas à pas et d'étudier ses effets sur les personnes, il faut s'occuper d'abord de ceux qui y prennent part et de ceux qui y restent étrangers, c'est-à-dire des combattants et des non-combattants ; viennent ensuite les moyens licites et illicites de nuire à l'ennemi ; puis les résultats immédiats de la lutte : des prisonniers, des blessés, des morts, et l'occupation d'une partie du territoire ennemi.

CHAPITRE PREMIER.

DES BELLIGÉRANTS.

Puisqu'il est admis et posé en principe que la guerre est une relation d'État à État, il s'ensuit logiquement que la lutte doit être circonscrite entre les forces accréditées de chacun des belligérants, et laisser en dehors les autres individus.

La question ainsi posée en théorie, semble des plus faciles à résoudre ; en pratique, il n'en est pas de plus délicate et de plus ardue. Elle a passionné les esprits en 1870 et les controverses auxquelles elle a donné lieu ont eu un écho retentissant en 1874 à la conférence de Bruxelles.

C'est qu'en effet il ne faut pas exagérer le principe que la guerre se fait d'État à État, et que c'est un simple duel entre deux armées, duel auquel les autres citoyens assistent impassibles et inertes. C'était possible au temps des armées mercenaires et de provinces sans unité, cela ne l'est plus aujourd'hui ; ce n'est plus le roi ou l'armée qui fait la guerre, c'est le pays tout entier qui est entraîné dans la lutte. D'ailleurs, le système de s'en tenir aux armées, bon pour les grands États, est trop restrictif pour les petits, dont il paralyse ainsi la défense.

Il faut donc admettre qu'il y aura à côté de l'armée régulière (belligérants ordinaires) des troupes auxiliaires, corps francs, volontaires, éclaireurs, francs-tireurs, etc. Quelles conditions doivent remplir ces auxiliaires pour obtenir le titre de belligérants, telle est la question qui se pose ; et elle est d'un intérêt capital, puisque les belligérants tombés aux mains de l'ennemi doivent être respectés et traités en prisonniers de guerre, tandis que ceux qui n'ont point ce caractère, peuvent être déférés à une cour martiale et fusillés comme des bandits.

Les conditions que doivent remplir les auxiliaires sont les suivantes :

1° *Ces combattants doivent être reconnus et autorisés par le gouvernement au nom duquel ils combattent.*

C'est là une première garantie d'organisation et de discipline très importante ; les Américains en ont reconnu la nécessité dans leurs instructions, et après

eux le jurisconsulte allemand s'exprime en ces termes :
« Les corps de partisans et les corps francs sont considérés comme ennemis, lorsqu'ils agissent sur l'ordre du gouvernement et avec son consentement ; les corps libres autorisés par l'Etat, doivent évidemment être assimilés aux troupes régulières, bien qu'ils opèrent sans se joindre à l'armée régulière (1) ».

Pendant la guerre de 1870 l'autorisation du gouvernement fut donnée aux francs-tireurs et aux gardes nationaux français. Les premiers avaient été commissionnés par le ministre de la guerre ; malgré cela, certains commandants allemands ordonnèrent de les passer immédiatement par les armes. Les seconds étaient couverts du titre de belligérants par la loi spéciale du 29 août 1870 (2), et cependant l'ennemi n'en tint nul compte lors de la défense de Bazeilles (3).

---

(1) Exemple : les corps libres de Garibaldi en 1859 et en 1864.

(2) Art. 1er. Les bataillons de la garde nationale mobile peuvent être appelés à faire partie de l'armée active pendant la guerre actuelle.

Art. 2. Sont considérés comme faisant partie de la garde nationale, les citoyens qui se portent spontanément à la défense du territoire avec l'arme dont ils peuvent disposer et en prenant un des signes distinctifs de cette garde qui les couvre de la garantie reconnue aux corps militaires constitués.

(3) Le 31 août, dit un témoin oculaire, les habitants de Bazeilles voyant l'ennemi arriver *revêtirent leurs uniformes de gardes nationaux* et aidèrent l'armée à se défendre contre un corps bavarois et une division prussienne. L'armée française fut repoussée. L'ennemi entra dans Bazeilles ; et, pour punir les habitants de s'être défendus, mit le feu au village. La plupart des gardes nationaux étaient morts ; la population s'était réfugiée dans les caves ; femmes,

Pour justifier les procédés de l'armée allemande, certains publicistes ont prétendu assimiler les francs-tireurs autorisés par le Gouvernement, aux anciens corsaires commissionnés (la course est abolie, traité de Paris, 16 avril 1856). Cette assimilation, dit M. Guérard, est essentiellement contestable. D'abord, les corsaires étaient inspirés par un esprit de lucre ; c'était le butin qui les attirait. Il y avait à craindre de rencontrer parmi eux des hommes n'offrant aucune garantie, et ils devaient faire la guerre en dehors du droit des gens. Au contraire les francs-tireurs agissent par patriotisme. Sans doute il pourra y avoir des abus ; il y en a partout ; mais le sentiment qui les inspire est de nature à présenter des garanties sérieuses. Enfin la surveillance des corsaires était impossible puisqu'ils opéraient sur l'Océan ; au contraire celle des francs-tireurs est toujours possible.

Les combattants auxiliaires doivent d'ailleurs, outre l'autorisation du Gouvernement, remplir d'autres conditions qui n'ont jamais été exigées par la course. Ainsi :

2° *Ils doivent être organisés hiérarchiquement et militairement, et dépendre au moins du commandant de l'armée.*

Cette deuxième condition est le corollaire de la

---

enfants, tous furent brûlés ou égorgés. Pas une maison ne resta debout. Sur 2,000 habitants, 300 restent à peine, qui racontent qu'ils ont vu des Bavarois repousser des familles entières dans les flammes et fusiller des femmes qui voulaient s'enfuir. (*Times,* 11 septembre 1870. — *Indépendance belge,* 1ᵉʳ octobre 1870).

récédente, en ce qu'elle accentue davantage le rapprochement entre les troupes auxiliaires et les troupes régulières; mais il faut la bien comprendre. D'ordinaire, les corps francs s'organisent et s'équipent à leurs frais; ils choisissent leurs officiers et jouissent par suite d'une certaine liberté. Tout ce qu'on peut exiger d'eux raisonnablement, c'est qu'ils soient placés sous l'influence de l'autorité militaire, qu'ils soient tenus d'exécuter ses ordres, et qu'en outre ils soient justiciables des conseils de guerre. Dans ces conditions, le Gouvernement pourra avoir sur les corps francs une surveillance parfaitement suffisante.

La France fit plus en 1870; autant pour ôter tout prétexte aux rigueurs des Allemands que dans un intérêt de discipline, elle décréta que : tous les corps de francs-tireurs et de volontaires seraient spécialement rattachés à un corps d'armée en service, ou à son défaut, à une division militaire territoriale, et devraient opérer conformément à la direction supérieure des chefs de corps ou commandants des divisions militaires (1).

3° *Ils doivent porter un costume ou insigne distinctif, fixe et reconnaissable à distance.*

Cette précaution est indispensable, car elle est la preuve que ceux qui sont pris les armes à la main, appartiennent bien à des forces organisées.

Le caractère du signe distinctif ne saurait être

---

(1) Décrets du 11 oct. 1870, Paris. — 4 nov. 1870, Tours.

précisé à l'avance ; c'est là une pure question de fait. Ce peut être un vêtement ou simplement un brassard, une coiffure, une broderie, etc.; il suffit qu'il puisse être reconnu à une certaine distance à l'œil nu, et qu'il soit fixe, c'est-à-dire toujours apparent. Il est donc interdit de le dissimuler à l'occasion pour surprendre la confiance de l'adversaire. Une pareille fraude ferait perdre, à ceux qui la commettraient, la qualité de belligérants.

La question de savoir ce qui peut constituer un signe distinctif suffisant, fut en 1870 l'objet d'une vive controverse entre la France et l'Allemagne, relativement au costume des premiers gardes mobiles.

Le costume des gardes nationaux mobiles et sédentaires ne pouvait être complet; dès les débuts de l'invasion, M. de Bismark en prit prétexte pour dire : « Les hommes qui peuvent, à portée de fusil, être reconnus comme soldats, seront seuls considérés et traités comme tels. La blouse bleue est le costume national, la croix rouge au bras n'est discernée qu'à une faible distance et peut à tout instant être retirée et replacée, de telle sorte qu'il devient impossible aux troupes prussiennes de distinguer les personnes dont elles ont à attendre des actes d'hostilité. En conséquence, ceux qui, ne pouvant être, en toute occasion et à la distance nécessaire, reconnus comme soldats, tueraient ou blesseraient des Prussiens, seront traduits devant une cour martiale. »

A cette déclaration le gouvernement français répondit le 2 septembre en séance du Sénat : « La garde nationale mobile et les francs-tireurs qui y sont assi-

milés par leur organisation, représentent une force
constituée en vertu de la loi française ; leur costume
a été défini, et la blouse bleue avec ornements
rouges, des hommes de la garde nationale mobile,
qui portent en outre le képi, ne saurait être con-
fondue, de bonne foi, avec le vêtement du paysan de
France. Le ministre de la guerre n'hésite donc pas à
déclarer que si la Prusse traite comme étrangères à
l'arme de semblables troupes, les chefs de corps
français useront de représailles envers les hommes de
la landwehr et du landsturm, qui représentent les
mêmes forces en Allemagne. »

4° Ils doivent respecter les lois et usages de la guerre.

Cela est évident et l'ennemi serait parfaitement en
droit de se refuser à faire bénéficier des lois de la
guerre ceux qui n'en tiendraient aucun compte dans
leur manière de combattre.

A la conférence de Bruxelles, on fut d'accord pour
formuler ces quatre conditions nécessaires à la reconnaissance des belligérants, mais les avis se parta-
gèrent sur le point de savoir s'il fallait les réunir
toutes, ou s'il suffisait d'en remplir quelques-unes.
Les délégués des petites puissances se plaignirent
amèrement des entraves qu'on voulait apporter à la
défense des pays envahis ; et devant ces résistances
qui devaient se formuler plus énergiquement à propos
de la levée en masse, la question ne fut pas résolue.

Nous n'hésitons pas à dire que la réunion des
quatre conditions énoncées plus haut nous semble
nécessaire pour légitimer d'une façon irrécusable
l'action des corps auxiliaires. De cette façon on évitera

plus sûrement toute récrimination et toute méprise. Il ne faut pas oublier d'ailleurs que l'application, l'affermissement et le développement des lois de la guerre dépendent, avant tout, de l'organisation et de la discipline des combattants. C'est le seul moyen d'enlever à la lutte son caractère barbare, et d'y faire pénétrer les progrès de la civilisation. Plus les corps francs seront bien organisés, bien disciplinés, plus il sera difficile à l'ennemi de les confondre volontairement, ou involontairement, avec les assaillants isolés, les maraudeurs et les pillards qui, parcourant les territoires envahis, attaquant indistinctement leurs nationaux et les étrangers, doivent être considérés comme des bandits, et traités comme tels.

« Si l'on prend tant de soin de fixer exactement les caractères des belligérants, dit M. Bluntschli, c'est afin de pouvoir sûrement les distinguer des brigands sans patrie qui profitent de la guerre pour venir, d'un côté ou d'un autre, frapper ou détruire. C'est afin de ne pas les confondre avec les rôdeurs armés, quel que soit le nom qu'on leur donne, ou même avec les personnes qui entreprennent, à leurs risques et périls, des expéditions militaires sans autorisation de l'Etat. Tous ces gens sont traités comme des brigands et c'est justice (1). »

---

(1) Ce point est réglé ainsi qu'il suit dans les *Instructions américaines* : « Art. 42. Les individus qui, isolés ou par bandes, commettent des hostilités en attaquant les personnes, en détruisant ou pillant les propriétés, sans ordre supérieur, sans faire partie de l'armée organisée, sans prendre une part permanente à la guerre, quittant les armes quand il leur convient pour retourner à leurs

Il reste à examiner à propos des belligérants une question délicate qu'on peut formuler ainsi : *La masse des habitants défendant le pays envahi, ou leurs foyers, sans appartenir à un corps d'armée régulier, a-t-elle le caractère et les droits des belligérants.*

Les publicistes sont divisés sur ce point, et c'est dans l'histoire qu'il faut chercher des précédents pouvant aider à résoudre la question.

En France, en 1792-93, un manifeste et un décret proclamaient : « Tout citoyen est soldat quand il s'agit de combattre la tyrannie. Jusqu'au moment où les ennemis auront été chassés du territoire de la République, tous les Français sont en réquisition permanente pour le service des armées. »

On connaît la défense de l'Espagne en 1808-1812, celle de la Russie en 1812.

En 1813, la Prusse, réduite aux abois, décréta la levée en masse, sans distinction, de telle sorte que tous les habitants devaient résister à l'invasion en s'armant de fusils ou de piques, de faux ou de haches, en se chargeant surtout d'enlever les convois et de détruire les petits détachements :

« Le combat auquel tu es appelé sanctifie tous les moyens, non seulement tu harcéleras continuellement l'ennemi, mais tu détruiras ou anéantiras les soldats isolés ou en troupes, tu feras main basse sur

---

foyers et à leurs occupations pacifiques, ne sont pas des ennemis publics. S'ils sont capturés, ils n'ont aucun droit aux privilèges des prisonniers de guerre et doivent être jugés sommairement, comme des voleurs de grand chemin ou des pirates. »

les maraudeurs. A l'approche de l'ennemi, les masses du landsturm doivent emmener tous les habitants du village avec leurs bestiaux et leurs effets, emporter ou détruire les farines, les grains, faire couler les tonneaux, combler les puits, couper les ponts, incendier les moissons approchant de la maturité. L'Etat indemnisera les citoyens après la retraite de l'ennemi (1). »

Enfin citons comme dernier exemple le décret de la délégation de Tours du 2 novembre 1870, lequel contient, entre autres, les dispositions suivantes :

« Les membres du Gouvernement de la Défense nationale, délégués pour représenter le gouvernement et en exercer les pouvoirs :

« Vu les décrets du 12 et du 16 septembre 1870;

« Considérant que la patrie est en danger; que tous les citoyens se doivent à son salut; que ce devoir n'a jamais été ni plus pressant ni plus sacré que dans les circonstances présentes, décrètent :

« Art. 1er. Tous les hommes valides de 21 à 40 ans, mariés ou veufs avec enfants, sont mobilisés.

« Art. 2. Les citoyens mobilisés par le présent décret seront organisés par les préfets, conformément aux décrets du 29 septembre et du 11 octobre, ainsi qu'à la circulaire du 15 octobre de la présente année.

« Art. 3. Les citoyens mobilisés par le présent décret seront, leur organisation faite, mis à la disposition du ministre de la guerre. Cette organisation devra être terminée le 18 novembre.

______

(1) Édits et ordonnances de février et mars 1813.

« Art. 4. Il sera pourvu à leur habillement, équipement et solde, d'après les règles prescrites par le décret du 22 octobre de la présente année. »

Tout cela est-il permis à une nation?

Oui, puisqu'il s'agit du salut de la patrie et de l'honneur du pays.

On ne peut révoquer en doute le droit de tout citoyen de concourir à la défense nationale. Qui oserait dire que les hommes qui défendent leur pays sont des brigands; et par suite, s'ils sont pris dans la lutte, comment, sans manquer à l'humanité et à la justice, leur dénier le caractère de belligérants? (1).

Nous avons dit qu'il y avait sur ce point divergence entre les publicistes, et qu'à la Conférence de Bruxelles on ne put arriver à un accord. Cela tient à ce que l'on a prétendu placer sur la même ligne, la formation des corps auxiliaires et la levée en masse. C'est là une grave erreur, dont il importe de faire justice. Quand un peuple recourt aux armes pour s'opposer à l'invasion étrangère, il est dirigé dans son mouvement par les autorités elles-mêmes, et la responsabilité de la nation tout entière se trouve

____

(1) *Instructions américaines.* — Art. 51. « Si, à l'approche de l'armée ennemie, la population de la partie du pays non encore occupée, ou la population du pays tout entier, se lève en masse pour résister à l'envahisseur, sur un ordre émanant des autorités compétentes, cette population est traitée en ennemi déclaré, et tous ceux de ses membres qui sont pris sont prisonniers de guerre. »

Art. 52. « Aucun belligérant n'a le droit de déclarer qu'il traitera chaque homme de la levée en masse, pris les armes à la main, comme un brigand ou un bandit. »

.engagée, ainsi que le prouvent clairement les exemples que nous venons de citer. Il n'en est plus de même quand il s'agit de corps francs; le pays peut fort bien demeurer étranger à leurs actes, et ne pas les avoir appelés sous les drapeaux; de là pour ces derniers l'obligation de remplir certaines conditions, qu'on ne saurait, sans méconnaître la logique et le bon sens, exiger des premiers.

En droit strict, il faut décider que la levée en masse est permise, qu'elle confère à la population qui y a recours le caractère de belligérant, et la place, en cas de défaite, sous le régime réservé aux prisonniers de guerre.

Sans doute il est désirable que ce droit de concourir à la défense soit réglé de manière à ne pas faire dégénérer la guerre en une lutte d'extermination; mais, dans le choix des moyens propres à atteindre ce but, on ne peut fixer des règles uniformes; il faut tenir compte à la fois des conditions géographiques, des traditions et du caractère national des divers Etats (1).

En examinant la question de la levée en masse, nous avons supposé qu'elle avait lieu à l'approche de l'ennemi; qu'arrivera-t-il, si l'insurrection éclate dans un pays déjà occupé? On se trouve alors en présence du droit de la force qu'il s'agit de limiter. A la conférence de Bruxelles on avait proposé sur ce point un article 45 ainsi conçu :

------

(1) Voyez Calvo, *op. cit.*, t. II, p. 120. — Jomini, *Déclaration faite à la conférence de Bruxelles.* — A. Ott, note sur Klüber, p. 385.

« Les individus qui font partie de la population d'un pays dans lequel le pouvoir de l'ennemi est déjà établi, et qui se soulèvent en armes contre ce pouvoir, peuvent être déférés à la justice, et ne sont pas considérés comme prisonniers de guerre (1). »

Ainsi donc pas de distinction entre des faits isolés ou une action collective; peu importe que ceux qui se soulèvent revêtent le costume militaire, qu'ils aient des chefs et qu'ils observent les lois de la guerre; l'envahisseur pourra les déférer à une cour martiale, et les faire fusiller ou les faire pendre. Nombre de délégués trouvèrent que c'était aller trop loin, et faire une application fausse du principe que le non-combattant, bien et dûment reconnu comme tel, ne peut plus, après avoir joui du bénéfice de cette situation, recourir aux armes sans s'exposer à toutes les rigueurs de l'ennemi. Les petits Etats surtout se refusèrent à admettre une décision qui augmentait les avantages de l'assaillant, dans la même proportion qu'elle affaiblissait les forces de la défense. La Suisse, les Pays-Bas, la Belgique protestèrent; et voici en quels termes éloquents le baron de Lambermont termina sa protestation : « Ne perdons pas de vue, le côté moral de la question; la conférence ne doit pas penser trop exclusivement à garantir la tranquillité et la sécurité des populations; et elle ne doit pas leur présenter la convention comme un contrat d'assu-

---

(1) Le duc de Wellington en 1814, lors de l'invasion des provinces méridionales de la France, menaça les habitants des campagnes soulevées contre ses troupes de les faire pendre.

rance contre les maux de la guerre ; il est convenable de rappeler que la défense de la patrie est non seulement un droit, mais encore un devoir pour les peuples. Certaines choses se font et se feront toujours pendant la guerre ; mais ici, il s'agit de les convertir en lois, en préceptes positifs et internationaux ; or, s'il y a des citoyens qui doivent être traînés au supplice pour avoir fait le sacrifice de leur vie à la défense de leur pays, au moins que jamais ils ne puissent lire sur la colonne au pied de laquelle ils seront fusillés, l'article d'un traité souscrit par leur propre gouvernement, et qui déjà, de longue main, les condamnait à mort (1). »

(1) M. Rolin-Jacquemyns est d'un avis contraire : « C'est là, dit-il, un moyen de guerre qu'il importe de regarder en face, non à travers le prisme héroïque de certains épisodes fameux, mais dans sa misérable et ordinaire réalité. Il est bien entendu que nous parlons d'un pays réellement occupé, c'est-à-dire où toute résistance a cessé et qu'ont évacué les troupes nationales : armée, milice, volontaires. Dans ces pays, l'insurrection n'est possible que de deux manières : ou par un attentat concerté, tel que les *Vêpres siciliennes*, ou par une série de petits soulèvements partiels, guerre de paysans, attaque de traînards ou de corps isolés. Le patriotisme n'excuse pas ce que le premier a d'horrible, de scélérat, de contraire au droit des gens ; quant au second, c'est du *banditisme*. Les habitants des pays occupés qui s'insurgeront spontanément, seront obligés de recourir aux moyens irréguliers, c'est-à-dire au crime, pour compenser leur faiblesse relative, leur défaut d'organisation, et nulle puissance au monde ne pourra empêcher les soldats de profession de les traiter non en belligérants, mais en brigands. Sait-on d'ailleurs, outre l'insuccès presque certain d'une pareille défense, ce qu'elle ajoute de démoralisation, d'habitudes violentes, de ruines locales irréparables aux maux déjà si affreux qui sont le cortège ordinaire de la guerre.

« Donc au nom de l'honneur et de l'intérêt national, au nom de

Faute de pouvoir s'entendre, les délégués supprimèrent l'article sans se prononcer. La conférence se taisant, le baron Blanc, délégué de l'Italie, proclama dans une déclaration l'inviolabilité du principe de la défense nationale, et il fut suivi dans cette voie par la Russie, l'Autriche-Hongrie, la France, la Suisse, la Belgique et les Pays-Bas.

Nous venons de passer en revue les caractères qui distinguent les combattants des non-combattants; nous ne nous occuperons pas, pour le moment, de ces derniers; la situation qui leur est faite par la guerre, leurs droits et leurs devoirs seront exposés au chapitre qui traitera de l'occupation du territoire. Disons seulement ici, d'une façon générale, qu'ils ont le droit de rester absolument étrangers, quant à leurs personnes, à la guerre qui se poursuit dans le pays où ils habitent.

---

l'humanité et de la civilisation, que les États secondaires renoncent à cette pernicieuse chimère de la défense illimitée, déguisant sous un beau nom le retour à la barbarie. Le moyen de mettre réellement en œuvre toutes leurs forces, portées à leur maximum d'énergie, ce moyen est à leur portée : Qu'ils aient le courage et la prévoyance de faire en sorte que tout citoyen en état de porter les armes fasse partie d'un corps : armée, milices ou volontaires remplissant au jour de la lutte les conditions exigées. » (*Revue de droit international*, 1875, t. 7).

CHAPITRE II.

DES MOYENS LICITES ET ILLICITES DE NUIRE A L'ENNEMI.

« Trois siècles de civilisation, écrivait Talleyrand à l'empereur Napoléon, en date du 20 novembre 1806, ont donné à l'Europe un droit des gens plus conforme à la nature humaine. Ce droit est appuyé sur le principe que les nations doivent se faire dans la paix le plus de bien, et dans la guerre le moins de mal possible (1). » Ce qui était vrai en 1806 l'est certainement plus encore en 1880 après les progrès obtenus; et l'on peut dire que c'est là surtout ce qui différencie les guerres modernes des guerres anciennes. Autrefois tout était permis pour atteindre la victoire; aujourd'hui l'emploi de la force pour réduire l'ennemi est limité par certaines restrictions que nous allons exposer.

Ces restrictions résultent toutes d'usages ou de conventions entre nations, ayant proscrit d'une façon formelle la barbarie et la perfidie. Nous distinguerons donc deux classes d'interdictions : 1º Moyens interdits comme barbares; 2º Moyens interdits comme perfides.

I. Moyens interdits comme barbares.

1º *Cruautés, violences ou rigueurs inutiles.* — Il est défendu de maltraiter, de blesser un ennemi qui se

---

(1) *Moniteur universel* du 5 décembre 1806.

rend, dès qu'il cesse de résister c'est un prisonnier de guerre et, comme tel, il doit être respecté. On doit également épargner les blessés; les Romains disaient : *Hostes, dum vulnerati fratres.* Aussi regarde-t-on comme une pratique interdite, l'ordre de ne pas faire de quartier. Dans les guerres du moyen âge, au temps des Croisades et des conquêtes musulmanes, l'histoire nous offre de nombreux exemples de soldats vaincus ou même de populations de villes prises, que le vainqueur faisait passer au fil de l'épée. Aujourd'hui on admet qu'on ne doit en aucune circonstance, ni par intimidation, ni par haine, ni par vengeance, déclarer à l'avance qu'on ne fera pas de quartier. Aucun des belligérants n'est autorisé, pour en refuser le bénéfice à son adversaire, à proclamer par avance qu'il n'acceptera pas de quartier pour lui même. Avec de tels procédés, la guerre ne tarderait pas à prendre un caractère sauvage que les mœurs réprouvent. Ces principes sont admis chez nous et chez les Américains (1). M. Bluntschli pose des restrictions : Règle 580. « L'ordre de ne pas faire de quartier ne peut être donné qu'*à titre de représailles* ou en cas de *nécessité absolue*, et spécialement lorsqu'il est impossible d'emmener les prisonniers sans compromettre sa propre sûreté. »

Il est vrai que la règle 582 ajoute comme tempérament : « Lorsqu'on a des motifs légitimes de refuser de faire quartier, il est cependant interdit de

---

(1) *Instructions américaines*, art. 60, 61, 62.

mettre à mort les ennemis *qui sont devenus incapables de résister ou sont déjà prisonniers de guerre.* »

Il est interdit de recourir à l'assassinat d'un ennemi pour obtenir la victoire. La guerre, en effet, ne saurait légitimer l'assassinat, de quelque façon qu'il soit commis, et s'il est permis de tuer pendant la bataille, le meurtre hors de la lutte est un acte contraire à l'honneur. On a prétendu justifier l'assassinat du généralissime ou du souverain ennemi, en le présentant comme le moyen le plus prompt et le plus sûr pour accélérer le rétablissement de la paix, mais cette théorie spécieuse est depuis longtemps abandonnée. Néanmoins, M. Bluntschli constate qu'il faut de temps à autre, formuler à nouveau cette interdiction, parce que, dit-il, les peuples semblent parfois l'oublier.

Non seulement il est défendu de tuer son ennemi en dehors de la bataille, mais les peuples civilisés repoussent comme un acte de barbarie la mise à prix de la tête d'un ennemi. — Au moyen âge on mettait souvent une personne au ban du royaume ou de l'empire ; c'était déclarer que cette personne avait perdu en quelque sorte tout caractère humain, et autoriser le premier venu à le traquer comme une bête fauve.

C'est ainsi que, en 1815, Napoléon fut mis hors la loi par les alliés. Les règles du droit des gens n'autorisent plus de semblables procédés, puisqu'elles défendent de provoquer à l'assassinat par dons ou promesses. (Bluntschli, règle 563.)

2° *Prohibition d'employer certaines espèces d'armes,*

engins ou matières. — Dans les conditions d'un combat réglé, la stricte justice voudrait que les deux adversaires se combattissent à armes égales. Pour l'ancien duel judiciaire, comme aujourd'hui dans le duel privé, c'était une condition essentielle imposée aux deux champions, tellement qu'on mesurait les lances et les épées des nobles et les bâtons des vilains (1). Il ne saurait en être de même de la guerre, chacun des belligérants se sert des engins perfectionnés dont il s'est assuré le bénéfice, et l'adversaire le moins bien pourvu ne peut s'en prendre qu'à lui de cette infériorité. Tout ce qu'exige le droit international, c'est qu'aucun d'eux ne fasse usage d'armes ou de projectiles propres à causer des douleurs inutiles.

Par exemple : les flèches empoisonnées ou barbelées, coutume barbare admise dans le moyen âge jusqu'au xvi° siècle, et condamnée par l'église ; le petit plomb ou mitraille proprement dite, le verre pilé, la chaux, les balles doubles et celles qui sont dites figurées ou mâchées. Cette règle s'adresse spécialement aux combattants organisés, qui sont munis des armes et des munitions régulières ; aussi personne ne s'aviserait d'infliger un blâme aux combattants improvisés qui, à défaut de balles, chargeraient leurs fusils avec du petit plomb.

Est également proscrit l'emploi de boulets à chaîne dans les guerres continentales, et de boulets rouges et couronnes foudroyantes dans les guerres maritimes. Le pape Innocent III aurait voulu faire

---

(1) Voyez Achille Morin, *op. cit.*, p. 350.

interdire les armes lançant des projectiles dans les guerres entre chrétiens, mais il n'y réussit pas ; et M. Bluntschli repousse avec raison cette idée en disant : « L'art de la guerre, dans les temps modernes, repose principalement sur les armes à projectiles. » Comme on était forcé de tolérer l'usage des projectiles, on a essayé, tout au moins, d'écarter ceux qui causeraient des maux superflus.

Telle a été la pensée qui a conduit les puissances européennes à conclure la convention de Saint-Pétersbourg, du 11 décembre 1868. Cette convention à laquelle tous les États de l'Europe ont adhéré, est conçue en ces termes :

« Sur la proposition du cabinet impérial de Russie, une commission militaire internationale ayant été réunie à Saint-Pétersbourg, afin d'examiner la convenance d'interdire l'usage de certains projectiles en temps de guerre entre les nations civilisées, et cette commission ayant fixé, d'un commun accord, les limites techniques où les nécessités de la guerre doivent s'arrêter devant les exigences de l'humanité, les soussignés sont autorisés, par les ordres de leurs gouvernements, à déclarer ce qui suit :

DÉCLARATION.

« Considérant que les progrès de la civilisation doivent avoir pour effet d'atténuer autant que possible les calamités de la guerre ;

« Que le seul but légitime que les États doivent se proposer, durant la guerre, est l'affaiblissement des forces militaires de l'ennemi ;

« Qu'à cet effet, il suffit de mettre hors de combat le plus grand nombre d'hommes possible ;

« Que ce but serait dépassé par l'emploi d'armes qui aggraveraient inutilement les souffrances des hommes mis hors de combat, ou rendraient leur mort inévitable ;

« Que l'emploi de pareilles armes serait dès lors contraire aux lois de l'humanité ;

« Les parties contractantes s'engagent à renoncer mutuellement, en cas de guerre entre elles, à l'emploi, par leurs troupes de terre ou de mer, de tous projectiles d'un poids inférieur à 400 grammes, qui seraient explosibles ou chargés de matières fulminantes ou inflammables ;

« Elles inviteront tous les Etats qui n'ont pas participé, par l'envoi de délégués, aux délibérations de la commission militaire internationale réunie à Saint-Pétersbourg, à accéder au présent engagement ;

« Cet engagement n'est obligatoire que pour les parties contractantes ou accédantes, en cas de guerre entre deux ou plusieurs d'entre elles ; il n'est pas applicable vis-à-vis de parties non contractantes ou qui n'auraient pas accédé ;

« Il cesserait également d'être obligatoire du moment où, dans une guerre entre parties contractantes ou accédantes, une partie non contractante ou qui n'aurait pas accédé, se joindrait à l'un des belligérants ;

« Les parties contractantes ou accédantes se réservent de s'entendre ultérieurement, toutes les fois qu'une proposition précise serait formulée en vue des perfectionnements à venir que la science pourrait apporter dans l'armement des troupes, afin de maintenir les principes qu'elles ont posés et de concilier les nécessités de la guerre avec les lois de l'humanité. »

Fait à Saint-Pétersbourg, le 29 novembre/11 décembre 1868 (1).

Ici se trouve la consécration bien motivée d'un grand principe qui doit être entendu largement, et qui semble comporter pour l'avenir d'autres applications. Ce principe est qu'il faut proscrire tout ce qui serait contraire aux lois de l'humanité, sans être absolument utile ou nécessaire au but légitime de la guerre, qui est l'affaiblissement des forces militaires de l'ennemi, pour le contraindre à donner satisfaction.

C'est déjà beaucoup d'avoir prohibé les projectiles explosibles d'un poids inférieur à 400 grammes ; mais est-ce suffisant ? Ne conviendait-il pas aujourd'hui d'étendre la prohibition ? Le gouvernement

---

(1) Sanctionnée et promulguée en France par le décret du 30 décembre 1868, cette déclaration lie entre elles les puissances suivantes : Autriche-Hongrie, Bavière, Belgique, Danemark, France, Grande-Bretagne, Grèce, Italie, Pays-Bas, Perse, Portugal, Prusse et Confédération de l'Allemagne du Nord, Russie, Suède et Norwége, Suisse, Turquie et Wurtemberg. Les engagements qu'elle constate devraient donc être religieusement observés durant toute guerre qui surviendrait entre deux ou plusieurs de ces États. Un journal allemand, en septembre 1870, prétendit que dans les mitrailleuses prises aux Français, il y avait des balles explosibles d'un poids inférieur à 400 grammes ; cette assertion a été positivement démentie (*Circulaires de M. de Bismarck, janv. et fév.* 1871 ; *Réponses du maréchal Mac-Mahon et du ministre de la guerre des* 21 *janv. et* 20 *fév.* 1871).

prussien avait proposé, par une note du 29 juin 1868, une extension des propositions russes et l'interdiction d'une série d'engins de destruction ; mais l'Angleterre, craignant de restreindre le domaine des inventeurs, sur lesquels elle comptait pour compenser l'infériorité numérique de son armée, refusa d'aller plus loin dans cette voie. En France, certains publicistes, et entre autres M. Achille Morin, émettent le vœu de la réunion d'un nouveau congrès auquel on soumettrait l'opportunité d'interdictions plus larges. Par exemple : élévation du minimum de 400 grammes, prohibition ou interdiction relatives dans l'emploi des mitrailleuses, fusées incendiaires, obus et bombes explosibles d'un poids considérable.

Cet appel sera-t-il entendu ? Souhaitons-le, sans trop y compter. Nous voudrions pour notre part voir régler l'emploi du pétrole comme moyen de destruction à la guerre, et entendre dire bien haut qu'il n'est pas permis de le faire servir à des actes de vengeance ou d'intimidation. Sans doute, il est sage et humain de penser d'abord aux personnes, mais il ne faut pas oublier non plus que, même vis-à-vis des biens et du territoire de l'Etat ennemi, la civilisation impose des réserves que les temps passés n'ont pas connues. L'inondation de la Hollande, l'incendie du Palatinat seraient également blâmés de nos jours ; pourquoi donc alors serait-il permis à une armée de traîner à sa suite des approvisionnements de pétrole dans l'unique but d'incendier à son gré les habitations d'un pays.

Nous ne rappellerons pas ici les terribles exemples

de la dernière invasion et de la Commune ; d'ailleurs les ruines incendiées sont encore là sur bien des points de notre pays, et leur vue suffit pour faire juger et condamner à jamais de pareils procédés (1).

3° *Prohibition d'enrôler des troupes sauvages.* — Le droit international interdit aux nations civilisées d'enrôler dans leurs armées des sauvages auxquels les lois de la guerre sont inconnues, ou d'employer comme auxiliaires des troupes qui ne connaissent ni ne respectent le droit et les mœurs des peuples civilisés. (Bluntschli, règle 559.)

Si nous mentionnons ici cette règle, empruntée par les Allemands aux Américains, ce n'est pas que nous la jugions d'une utilité bien certaine et d'une application fréquente en Europe ; c'est seulement pour rappeler que nos ennemis en ont pris texte, en 1870, pour s'élever contre la présence dans nos rangs des Turcos, et prétendre que c'était un recul vers des époques moins civilisées.

II. — Moyens interdits comme perfides.

1° *Emploi du poison et autres substances dangereuses.* — Ce n'est pas seulement la cruauté qui se montre et agit au grand jour que l'on a entendu bannir des usages de la guerre, mais aussi et surtout celle qui

______

(1) C'est en parlant de ces procédés injustifiables que le colonel Hamley écrivait : « Conseillons amicalement, comme une décoration convenable pour les soldats du nouvel empire, l'institution du très honorable *Ordre de la Torche.* » Lettres au *Times*, janv. et fév. 1871.

se cache, employant pour arriver à ses fins les moyens les plus perfides : la prison, l'assassinat, la violation de la parole donnée, la ruse, etc. Avec de tels procédés, aucun des belligérants ne pourrait plus compter sur la loyauté de son adversaire, il n'y aurait plus de bonne foi à la guerre et l'on verrait renaître les excès et les violences que l'on veut à tout prix éviter.

C'est pourquoi il est interdit de faire usage du poison pour gâter l'eau des sources ou des rivières, de répandre sur le territoire ennemi des substances dangereuses, susceptibles d'y développer des maladies contagieuses. Non qu'il soit défendu de détourner les rivières, de tarir les sources qui alimentent l'ennemi ; il est même permis de gâter l'eau et de l'empêcher d'être potable, mais cela doit se faire manifestement, afin que l'ennemi ne puisse s'y tromper et agisse en connaissance de cause.

2° *Ruses de guerre.*—Nous n'avons pas l'intention de passer en revue tous les stratagèmes usités à la guerre, non plus que de discuter et de résoudre cette fameuse question posée au siècle précédent par l'Académie de Berlin : « Y a-t-il des cas où il soit utile de tromper les hommes ? » Nous nous proposons simplement d'indiquer en cette matière le principe universellement admis, et d'examiner ensuite quelques questions intéressantes soulevées à la suite de la guerre 1870-71.

Et d'abord, tout le monde est d'accord pour admettre que la ruse est permise à la guerre. Le grand Frédéric disait à ce sujet : « On prend alternativement à la guerre la peau du lion et la peau du renard ; la ruse réussit où la force échouerait. Il est donc ab-

solument nécessaire de se servir de toutes les deux.
C'est une corde de plus que l'on a à son arc ; et
comme souvent la force résiste à la force, souvent
aussi la force succombe sous la ruse. » La ruse, disons-nous, est permise à la guerre, mais pour cela il
faut qu'elle soit *exempte de perfidie.*

· L'ennemi, en effet, doit pouvoir compter que son
adversaire observera fidèlement les engagements sous-
crits et les devoirs imposés par le droit des gens. Il
y aurait dès lors perfidie à user de stratagèmes combinés précisément sur la violation de ces engagements ou de ces devoirs.

Ces restrictions faites, on peut dire qu'en guerre
on n'aura d'autres règles à observer sur ce point que
ses propres convenances. On voit que le champ est
large, aussi laisserons-nous de côté les choses permises pour nous occuper de celles qui sont défendues
ou discutées.

Il est certainement interdit : de demander une
suspension d'armes et de la rompre par surprise ; de
faire semblant de se rendre, de lever par exemple la
crosse en l'air, pour laisser approcher et fusiller de
plus près les combattants opposés ; de couvrir du
drapeau blanc à croix rouge les voitures destinées au
transport des munitions, des approvisionnements et
du trésor de l'armée ; de désigner comme hôpital un
bâtiment réservé au service de guerre ; de se servir
comme observatoire d'un édifice protégé par la convention de Genève, etc. (1).

____

(1) Voir le *Manuel du droit international* à l'usage des officiers
de l'armée de terre, 2ᵉ édition.

Y a-t-il perfidie à se servir des uniformes et des insignes de l'adversaire, par exemple, pour attirer celui-ci dans un piège ? Examinons la question :

Les uniformes et insignes, destinés à éviter des massacres inutiles, présentent un caractère essentiellement conventionnel. Ils constituent une espèce de langage généralement admis, et auquel on doit reconnaître autant de valeur qu'aux émissions de la voix et aux signes de l'écriture. Celui qui les revêt ou les arbore déclare qu'il appartient à tel ou tel parti. Une fausse déclaration, faite sous cette forme, doit être assimilée à une violation de la parole donnée ; les conséquences sont les mêmes ; aussi dirons-nous que l'emploi des uniformes ou drapeaux de l'ennemi constitue une véritable perfidie.

La pratique en a jugé de même ; elle fait preuve toutefois, dans certains cas, d'une indulgence surprenante, qui serait inexplicable sans l'impossibilité dans laquelle on se trouve de punir les contraventions. Pourvu qu'au moment d'en venir aux mains, chaque parti arbore ses couleurs réelles, et se fasse connaître pour ce qu'il est, il est permis de faire usage des drapeaux et insignes de l'ennemi. Le droit maritime a même réglé, par un cérémonial spécial, l'emploi de ce stratagème, et précisé le moment où il doit cesser. Lorsque deux vaisseaux de guerre se rencontrent à la haute mer, sous quelque pavillon qu'ils aient navigué jusqu'à ce moment, celui des deux qui désire connaître réellement la nationalité de l'autre arbore ses vraies couleurs et tire un coup de canon, soit à poudre, soit à boulet perdu. L'autre bâtiment doit répondre de la même manière, c'est-à-dire hisser son pavillon et tirer également un coup de canon, soit à boulet perdu, soit à poudre. Ce coup de canon, appelé *coup d'assurance,* est la parole d'honneur, donnée par le commandant, par l'état-major tout entier, que le pavillon qui flotte sur leurs têtes est bien celui de la nation propriétaire du bâtiment (1).

La guerre continentale est, en apparence du moins, plus scrupuleuse ; elle essaye de légitimer l'emploi de l'uniforme ennemi, par la nécessité de se servir de la dépouille de ses adversaires pour habiller ses propres troupes ; ce qui impliquerait l'interdiction d'un tel procédé toutes les fois qu'il n'y a pas urgence ; on n'aurait pas alors pour but principal de tromper l'ennemi et ce ne serait plus, à proprement parler, une ruse de guerre. Telle est du moins la tendance qu'on a pu constater dans la guerre de Sécession (2). Il est, en tout cas, bien difficile que ces distinctions subtiles ne portent pas atteinte au caractère sacré des insignes. Disons donc, pour nous résumer, qu'il est à désirer que l'on renonce à l'emploi des uniformes et des emblèmes de l'ennemi.

---

(1) Hautefeuille, *Droit maritime des neutros,* t. 3, p. 438.

(2) *Instructions américaines.* — *Règle* 64. Si les troupes américaines capturent un convoi contenant des uniformes de l'ennemi, et que le commandant juge à propos de les distribuer parmi ses hommes pour leur propre usage, ceux-ci devront adopter quelqu'insigne bien visible pour se distinguer des soldats ennemis.

Règle 65. L'usage du drapeau, du pavillon, ou de tout autre emblème national de l'ennemi, dans le but d'induire celui-ci en erreur au milieu d'un combat, est un acte de perfidie qui fait perdre à celui qui le commet tout droit à la protection des lois de la guerre.

Mentionnons ici un stratagème qui présente de grands rapports avec ceux dont nous venons de parler, mais qui ne doit cependant pas être confondu avec eux. Dans la dernière guerre, un clairon français ayant été fait prisonnier, fut contraint de révéler les sonneries de son armée aux Prussiens qui s'en servirent pour attirer les Français dans une embuscade.

Un pareil fait constituait certainement une infraction aux lois de la guerre ; mais était-ce, comme on l'a prétendu, une perfidie ? Nous ne le croyons pas.

En agissant ainsi, on a contraint un prisonnier de guerre à nuire à ses propres nationaux, ce qui est un procédé tout à fait condamné par les usages observés entre belligérants réguliers ; mais un pareil acte ne doit pas être assimilé à l'emploi du drapeau ennemi, par exemple. Il est vrai que les sonneries sont des signaux ayant un caractère conventionnel, mais la convention dont ces signaux sont l'objet est tout *interne* ; elle n'est point *internationale*.

Le fait même de la contrainte qu'il a fallu exercer sur le clairon, et d'une manière plus générale, l'intervention du clairon dans cette affaire, prouvent que les sonneries étaient dans le principe inconnues aux ennemis ; elles ne leur avaient pas été confiées, et dès lors il n'y avait pas abus de confiance, par suite perfidie à s'en servir (1). C'est donc, en un mot, dans la manière dont on s'est procuré les signaux et non dans l'usage qu'on en a fait que réside la faute.

____

(1) *Contrà*, Achille Morin, *op. cit.*, t. 1er, p. 305.

Autre exemple de même nature : supposons un chef de poste surpris par l'ennemi et forcé de lui donner le mot d'ordre et le mot de ralliement ; l'ennemi se sert de ces mots pour pénétrer dans le camp. Que décider ?

Le raisonnement et la solution seront évidemment les mêmes que plus haut.

Voulons-nous un exemple de ruse de guerre parfaitement légitime en matière de sonneries, nous l'empruntons à nos souvenirs personnels. A Metz, les Français avaient remarqué qu'à la *sonnerie de la charge* les tirailleurs ennemis se groupaient pour offrir plus de résistance. Ils profitèrent par la suite de cette observation pour faire sonner la charge quand ils voulaient obtenir un objectif plus sûr à leur tir. C'était leur droit et il n'y avait là aucune perfidie.

Disons un mot de la fabrication des fausses nouvelles, procédé employé sur une vaste échelle par les Prussiens pendant la guerre de 1870.

En 1793 déjà, le camp prussien avait fabriqué un *Moniteur de la République française*; on y avait inséré la fausse nouvelle d'une défaite subie par les armées de la République, et on l'avait fait parvenir dans le camp français. En 1870, les Allemands employèrent des moyens analogues et c'est ainsi, par exemple, qu'ils publièrent à Reims, un *Moniteur officiel du gouvernement général*, et à Versailles, un prétendu *Moniteur officiel du département de Seine-et-Oise*. Inutile de dire que ces feuilles, que l'on introduisait dans Paris, à l'aide d'espions, n'étaient d'un bout à l'autre qu'un tissu de mensonges et de nouvelles fausses.

Disons-le, on n'a aucun moyen de contrainte, ni physique, ni morale, pour empêcher l'emploi d'un pareil procédé. Le fait de faire fabriquer des journaux simulés ne constitue pas une trahison; mais on comprend que la position changerait du tout au tout, si l'assiégeant, en faisant parvenir à l'assiégé des journaux pour le déterminer à capituler, garantissait, par sa parole d'honneur, l'authenticité de ces papiers. Ici la ruse de guerre se compliquerait d'une perfidie, elle cesserait d'appartenir à la catégorie des stratagèmes permis.

Il est inutile de nous étendre davantage; ces exemples suffisent pour faire comprendre ce qu'on peut et ce qu'on ne peut pas se permettre dans une foule de cas analogues.

Terminons cependant par une observation qui a bien son importance. Dans les guerres actuelles, il existe entre les nations civilisées un *engagement tacite* de respecter les usages reçus, *sauf déclaration contraire*. Notons ces derniers mots. Dans le droit de la guerre, en effet, chacun relève de sa propre conscience; il y a, il est vrai, l'opinion publique, mais, puisqu'on peut l'interpréter à sa manière, la braver à ses risques et périls, elle nous renvoie, elle aussi, à notre conscience. Si donc on croit devoir déroger aux usages reçus, on le peut, seulement si on le fait par surprise, sans prévenir ceux que cela intéresse, on devient un objet de défiance et on aggrave soi-même sa position. La notification qu'impose ici l'intérêt bien entendu est tout à fait de même nature que celle qui doit toujours précéder l'ouverture des hostilités. Celui qui veut déroger aux usages reçus étend le domaine de la lutte, ajoute en quelque sorte à la guerre ordinaire une petite guerre extraordinaire ; la seconde doit être notifiée comme la première (1).

Après avoir exposé d'une manière générale les moyens interdits à la guerre, il reste à traiter quelques questions spéciales qui par plus d'un point se rattachent à la matière ; nous voulons parler des sièges et bombardements, des espions et traîtres, et enfin des représailles.

III. — Sièges et bombardements.

Le siège des villes ennemies et leur bombardement ont pris dans notre siècle une grande importance comme moyens de guerre, à cause des progrès immenses réalisés dans la portée et la justesse du tir de l'artillerie. Frappé des maux qui en résultent toujours, M. Pasquale Fiore range ce procédé au nombre des moyens interdits comme barbares (2). « Le bombardement, dit-il, n'est plus une arme de notre temps. » Il est bon d'ajouter que le savant professeur italien écrivait cette phrase avant la guerre de 1870 pendant laquelle les Allemands ont attaqué de la sorte au moins vingt-deux villes. Ce n'est là d'ailleurs qu'une opinion isolée, et il faut bien dire

(1) A la conférence de Bruxelles, le projet présenté par la Russie énumérait sommairement les moyens qui à la guerre doivent être considérés comme permis ; il fut repoussé à cause de l'impossibilité de tout prévoir et du danger des omissions.

(2) Pasquale Fiore, *Nouveau droit public international*, t. II, p. 280.

que les lois de la guerre permettent au belligérant de réduire par la force les villes ennemies qui ne se soumettent pas de plein gré ; mais elles sont d'accord avec les prescriptions de l'humanité, pour protéger contre la violence celles qui ne résistent pas. Si donc une ville ouvre ses portes, qu'elle soit *ville ouverte* ou *ville fortifiée*, on doit lui éviter toute rigueur inutile. Si au contraire elle se défend, elle peut, quoique ville ouverte, être attaquée et soumise comme le serait un abri fortifié. Il peut arriver aussi que, sans être elle-même fortifiée, la ville soit entourée d'une couronne de forts détachés qui la protègent au loin. Que décider en ce cas? A la conférence de Bruxelles on discuta cette question ; le délégué hollandais soutint que la ville devait être considérée comme ouverte et ne se défendant pas, lorsqu'elle n'abritait pas de troupes et ne prenait part d'aucune manière à la défense.

On répondit avec raison que la ville et les forts se prêtaient réciproquement aide et secours ; la ville servant à ravitailler, à abriter les malades et les blessés, et aidant à la communication entre les différents forts. On en conclut qu'il devait être permis de bombarder une ville ouverte protégée par une forteresse.

Il est prescrit, avant l'attaque ou le blocus d'une place, de s'assurer de ses dispositions, et de l'inviter par *sommation* à se rendre. Cette sommation n'est pas nécessaire cependant, si l'intention de l'ennemi est manifestement indiquée par ses actes et ses préparatifs de défense.

Avant de bombarder une place forte et à plus forte raison une ville ouverte défendue par l'armée ou par les habitants, il est d'usage que l'assaillant avertisse les autorités que le feu va être ouvert contre la place. On évite ainsi aux habitants inoffensifs les horreurs du siège, puisqu'ils peuvent s'y soustraire en s'éloignant.

Cette pratique, toute d'humanité, est néanmoins, il faut le reconnaître, subordonnée aux nécessités de la guerre ; s'il est nécessaire de surprendre l'ennemi afin d'enlever rapidement la position ; dans ce cas la non-dénonciation du bombardement ne constitue pas une violation des lois de la guerre (1).

Citons deux exemples d'omission de cette formalité protectrice ; ils nous sont fournis par la guerre de 1870. Vers la fin de novembre les Allemands ouvrirent le feu sur La Fère sans avertissement ni sommation préalables, et écrasèrent cette malheureuse petite ville sous une pluie de bombes et d'obus.

Le bombardement de Paris, sans dénonciation, excita des réclamations générales, même parmi les membres du corps diplomatique résidant dans la capitale. Leur doyen, M. Kern, ministre de Suisse, se fit leur interprète dans une lettre qu'il adressa le 13 janvier 1871 au chancelier allemand. Voici quelle fut la réponse de M. de Bismarck : « En réservant aux gouvernements de Votre Excellence et de MM. vos cosignataires l'initiative d'un examen plus

---

(1) Voy. Bluntschli, *op. cit. Règle* 554. — *Instruct. améric.*, art. 19. — Calvo, *op. cit.*, t. II, p. 125.

approfondi de la question théorique, je me borne à maintenir que la dénonciation préalable d'un bombardement n'est point exigée d'après les principes du droit des gens, ni reconnue comme obligatoire par les usages militaires. » Ce n'est certes pas avec de pareils procédés que les guerres à venir pourront voir triompher les principes d'humanité : on peut dire qu'au lieu de faire des progrès dans le bien on en fera dans le mal. Il y avait cependant dans le passé des exemples tout autres à imiter :

Au siège d'Anvers, le maréchal Gérard avisa le général hollandais du jour où il bombarderait la citadelle. A Rome, en Crimée nous avons agi de même.

En cas de bombardement d'une ville qui, sans être fortifiée elle-même, est reliée à des travaux de fortification, les projectiles doivent être dirigés essentiellement sur les ouvrages défensifs (y compris les portes de l'enceinte de la ville) et sur leurs abords; l'intérieur de la ville et les parties habitées par la population civile doivent par contre être ménagées autant que possible (Bluntschli, règle 554 *bis*).

Cette règle du droit des gens a été violée souvent par les Allemands dans la dernière guerre, aussi le général Faidherbe a-t-il pu dire dans une dépêche officielle : « Autrefois on faisait le siège des fortifications d'une ville en ménageant la ville. C'était une sorte de convention internationale. C'était du droit des gens. Les Prussiens, en cela comme en beaucoup d'autres choses, ont rompu avec le passé. Ils n'assiègent plus les fortifications, ils bombardent les villes. Moi je les accuse de manquer aux usages, aux ménagements pour les populations, que les peuples civilisés gardaient dans leurs guerres. C'est donc leur loyauté que j'incrimine (1). » Puis, prévoyant des subtilités pour l'excuse, le général ajoutait : « Remarquez que si vous les accusez d'inhumanité, ils vous répondront que c'est au contraire par humanité qu'ils agissent ainsi. Voyez Péronne; sa prise leur a coûté quelques hommes et à nous une douzaine de militaires et autant de civils tués ou blessés. Or, savez-vous ce qu'eût coûté le siège en règle de la ville de Péronne bien défendue? Mille à quinze cents hommes aux assiégés et trois à quatre mille hommes aux assiégeants. Comparez (2). »

Pour justifier ce bombardement de l'intérieur des villes, on dit que la population civile en s'enfermant dans la place assiégée concourt à la défense; qu'il est permis par l'incendie, la ruine et l'effroi de chercher à la démoraliser et à s'en faire ainsi un auxiliaire inconscient pour hâter la capitulation.

« Je sais bien, disait le général Werder, que le bombardement ne me donnera pas vos remparts, mais c'est aux habitants à forcer le général à capituler. »

Le jurisconsulte allemand examinant cette théorie, mise en pratique par ses nationaux, n'hésite pas à la

____

(1) *Lettre au sous-préfet de Péronne,* reproduite par l'*Indépendance belge* du 26 janvier 1871.

(2) M. Rollin-Jacquemyns, dans la *Revue de droit international,* défend la thèse prussienne. « Comment qualifier de contraire au droit des gens un procédé qui aboutit à chiffrer les pertes par centaines au lieu de les chiffrer par milliers, ou bien est-ce que les pierres des maisons seraient plus précieuses que la vie des hommes? »

combattre énergiquement : « Cette pression psychologique est entièrement immorale, s'écrie-t-il ; en
outre, l'expérience a démontré qu'elle est presque
toujours sans effet. Elle provoque la haine et la vengeance, mais n'a pas d'action décisive. Le commandant de la place assiégée réprime le plus souvent
l'émeute des bourgeois, punit les meneurs ; mais ne
cède pas à leurs menaces, et ne se rend pas tant que
les forces dont il dispose le lui permettent. »

En définitive, malgré les efforts des publicistes,
il faut bien reconnaître que les règles actuelles du
droit de la guerre autorisent l'assiégeant à bombarder l'intérieur d'une place assiégée ; mais il ne doit
pas se porter à cette extrémité sans des raisons
graves, et, le cas échéant, il est tenu d'user de tous
les ménagements possibles (1).

Quels sont ces ménagements? Quelle est leur portée? Comment les observera-t-on?

Ils consistent surtout à prendre des mesures pour
épargner les édifices consacrés aux sciences, aux
arts, au culte et à la bienfaisance, les hôpitaux et les
ambulances.

Mais comment reconnaître ces bâtiments privilé-
giés? Cela est souvent bien difficile, si l'on songe à
la distance où les batteries sont placées (à Paris cette
distance était de sept à huit kilomètres). Voici ce

______

(1) Au siège de Toul, le grand-duc de Mecklembourg-Schwerin
dit dans un rapport « qu'en attendant l'arrivée des pièces de siège,
il bombarde la ville pour en rendre le séjour *aussi désagréable* que
possible ». Voilà certes un étrange motif de bombardement ! (*Le
Siège de Toul en* 1870, par F. de Lacombe).

que disent à ce sujet les instructions américaines :

Art. 116 « Les belligérants tiennent souvent eux-mêmes à honneur de demander que l'ennemi leur signale les hôpitaux situés sur le territoire occupé par ce dernier, afin de pouvoir les épargner. On y place des drapeaux ou signaux de nature à indiquer les édifices à ménager. »

Art. 118. « L'assiégeant demande aussi parfois à l'assiégé de lui désigner les bâtiments qui contiennent les collections d'œuvres d'art, les musées scientifiques, les observatoires astronomiques, les bibliothèques renfermant des livres précieux, afin d'éviter autant que possible la destruction de ces édifices. »

Par contre, il est évident que les édifices pour lesquels l'inviolabilité est ainsi réclamée ne doivent jamais être employés à un service de guerre ; y établir des observatoires, des magasins ou des casernes serait tromper la bonne foi de l'ennemi et exciter de sa part des défiances justifiées. Le signe convenu pour les hôpitaux et ambulances sera le drapeau blanc à croix rouge ; pour les autres édifices, musées, églises, etc., on choisira un autre insigne.

Ce respect pour les monuments de l'art et de la science a été admis depuis longtemps ; c'est ainsi qu'au siège de Rome, en 1849, l'armée française se plaça dans des conditions défavorables pour prévenir tout risque d'atteindre par ses projectiles les édifices et ouvrages d'art ornant la ville. Il appartenait aux Allemands de méconnaître ces droits imprescriptibles de la civilisation. Parmi les trop nombreux exemples que nous pourrions rappeler pour justifier ce reproche, citons seulement le siège de Strasbourg et celui de Paris.

Voulant conquérir l'Alsace, les Allemands avaient besoin de se rendre au plus tôt maîtres de Strasbourg; on résolut donc, pour aller plus vite, de recourir sans scrupule à tous moyens, même extraordinaires. Les travaux du siège exigeaient beaucoup de monde, on enrôla de force les gens du pays; on détruisit le village et l'ambulance de la Robertsau qui pouvaient gêner; et dans la soirée du 15 août on commença le bombardement en tirant sur la ville et la cathédrale. C'était, prétendirent les assiégeants, pour célébrer la fête de l'empereur Napoléon à leur manière. Dans la nuit du 24 au 25 le feu redoubla d'intensité et une pluie de projectiles incendiaires tomba sur la ville, la cathédrale, le temple neuf et les principaux édifices; la fameuse bibliothèque, si chère à cette cité studieuse, fut complètement détruite, et avec elle périrent dans les flammes les trésors qu'elle renfermait.

Tous ces détails sont empruntés au récit si attachant de M. A. Mézieres, témoin oculaire des faits qu'il expose. Voici en quels termes indignés il raconte l'incendie de la bibliothèque (1) : « Les canons ennemis, concentrant tous leurs feux sur ce point avec une redoutable précision, écartèrent les travailleurs, jusqu'à ce que l'œuvre de destruction fut

____

(1) L'*Invasion en Alsace*, par A. Mézières. *Revue des Deux-Mondes* du 15 oct. 1870. — Voyez aussi Keller, député, *Rapport au Corps législatif*, Journal officiel du 4 sept. 1870.

accomplie. Plus de cinq cents habitants assistaient, désespérés et impuissants, à la ruine d'un de ces monuments qui ne sont point seulement la propriété d'une ville, mais qui appartiennent au monde civilisé. Ainsi en quelques minutes, sans aucune nécessité stratégique, par la main d'un soldat opiniâtre, la savante et studieuse Allemagne venait d'anéantir le fruit de tant de travaux, ce que pendant des siècles avaient rassemblé la science, le goût, l'intelligence..... Les Allemands chercheraient en vain une excuse, ils attribueraient vainement à une erreur d'artillerie une œuvre de destruction accomplie de sang-froid, de propos délibéré, à dessein. On connaît l'exactitude minutieuse de leurs cartes militaires. Leurs coups ne portaient point au hasard. Ils savaient à merveille qu'aucune caserne, aucun arsenal, aucun établissement militaire ne se trouvait dans le voisinage de la bibliothèque de Strasbourg. Ils ont brûlé sciemment, volontairement, une ambulance qu'ils savaient établie dans un bâtiment entre le Gymnase et le temple neuf; ce bâtiment était protégé cependant par le drapeau international. Leurs obus incendiaient en même temps un établissement religieux, un établissement scientifique et un hôpital ! (1) »

-----

(1) Ces barbaries intentionnelles ont été blâmées sévèrement même par les journaux allemands. « A quoi bon, dit la *Gazette de Manheim,* cette fureur contre la malheureuse ville de Strasbourg ? On réclame Strasbourg, l'ancienne ville impériale, la capitale de cette Alsace qui est de souche allemande, ce Strasbourg où s'élève la cathédrale, cette œuvre sublime de l'art allemand, cette ville où vivait Gutemberg, à qui l'imprimerie doit son essor, et on la traite

Après Strasbourg, Paris a été bombardé sans aucune espèce de ménagement ; les églises, les palais, les musées de la rive gauche ont servi de point de mire. Les Invalides si facilement reconnaissables à leur dôme doré, le Luxembourg, le Val-de-Grâce, le Muséum ont été atteints ; et l'on peut dire sans crainte de se tromper que s'ils ont été atteints c'est qu'ils étaient *visés*. Ce sont là des actes qu'on a pu à bon droit qualifier de *barbarie scientifique*, et dénoncer au mépris de l'Europe civilisée (1).

Après le bombardement d'une ville vient ordinairement l'assaut ou simplement la reddition. Au commencement de ce siècle, les lois de la guerre autorisaient encore un général à promettre à ses soldats, pour exciter leur ardeur, le pillage de la ville assiégée. Il n'en est plus de même aujourd'hui ; le pillage est absolument et toujours interdit ; l'assiégeant ne peut le promettre et il doit en outre mettre tous ses soins, user de toute son autorité pour l'empêcher. La résistance de la ville assiégée, si énergique et si prolongée qu'elle soit, ne saurait être une cause de traitement plus rigoureux (2). La conférence de

en vrais barbares ! Sur qui retombera cette responsabilité, si un jour il est prouvé que ce désastre pouvait être épargné ! Que dira désormais le guide qui parcourra Strasbourg avec l'étranger ? Strasbourg succombera ; mais que cette fière ville périsse écrasée sous les bombes allemandes, c'est là un étrange retour pour elle dans la maison paternelle. »

(1) *Le Bombardement de Paris*, par L. Simonin, officier de secteur. *Revue des Deux-Mondes* du 1er février 1871.

(2) Voyez Morin, *op. cit.*, t. II, p. 180. — Pinheiro Fereira, sur Martens, t. II, p. 270. — Bluntschli, n. 661. — Pasquale Fiore, *op. cit.*, t. II, p. 306. — *Contrà*, Vattel, Martens, Klüber, Halleck.

Bruxelles s'est prononcée formellement contre le pillage même dans les villes prises d'assaut.

Disons-le, il faut remonter assez loin dans l'histoire pour trouver un siège suivi de pillage. Le dernier assaut de place forte est celui du siège de Sébastopol, et il n'a été suivi ni d'excès ni de pillage. Dans la guerre de 1866 comme dans celle de 1870, les Prussiens n'ont pris d'assaut aucune place forte; on ne peut donc savoir quelle application aurait reçue la disposition ancienne sur le pillage (1).

Lorsqu'une place va être investie ou assiégée, on recommande d'abord au commandant de cette place d'attirer l'attention des habitants sur les dangers auxquels ils s'exposent en y restant, et de faciliter autant que possible leur départ. Malgré cette sage précaution, il arrive la plupart du temps que la majeure partie de la population préfère s'exposer aux rigueurs du siège plutôt que de quitter la ville menacée. C'est pourquoi, à la conférence de Bruxelles, la ville d'Anvers demanda, au nom de l'humanité, que dans toute ville assiégée on exceptât certains quartiers du bombardement; cette proposition fut repoussée parce que, dit-on, elle amoindrirait l'efficacité du bombardement et empêcherait de poursuivre avec la rapidité voulue le but de la guerre.

Que deviendront les habitants, les femmes, les enfants, lorsque les rigueurs du siège, le manque de vivres, les maladies, rendront leur situation intolérable, ou bien encore quand les nécessités de la dé-

______

(1) Rappelons cependant qu'ils ont pillé la ville de Gray.

fense exigeront leur éloignement? Pourra-t-on, une fois le siège commencé, chasser de la ville les bouches inutiles, et, de son côté, l'assiégeant aura-t-il le droit de les refouler sur la place? La conférence de Bruxelles, appelée à résoudre cette question, n'a pas donné de réponse précise et s'est contentée de dire que le cas était peu probable. En revanche, les instructions américaines portent, article 18 : « Quand le commandant d'une place assiégée en fait sortir les non-combattants pour ménager les approvisionnements, il est permis à l'assiégeant, si rigoureuse que soit la mesure, de contraindre les expulsés à rentrer dans la place afin de hâter la reddition de celle-ci. »

M. Bluntschli est du même avis et expose, dans sa règle 553, une théorie analogue; cela peut surprendre de sa part, n'y a-t-il pas dans ce cas, comme dans celui du bombardement de l'intérieur des villes, « cette *pression psychologique* » qu'il a qualifiée d'immorale dans sa règle 554 *bis*. Nous pensons, quant à nous, que l'assiégeant fera bien de consentir au passage des expulsés, dût-il en retirer quelques inconvénients, et qu'il ne devra les refouler sur la place que dans les cas extrêmes. Si cette dernière hypothèse vient à se produire, le commandant de la ville assiégée devra rouvrir ses portes aux malheureux auxquels le passage est refusé par l'ennemi (1).

______

(1) « Lors du bombardement de Péronne, un parlementaire se présenta de la part de la mairie pour demander l'autorisation de faire sortir de la ville les femmes, les vieillards et les enfants. Il va sans dire que les Allemands, fidèles à leurs principes, ne donnè-

Pendant le siège de Strasbourg, l'évêque supplia (1) le commandant de l'armée allemande de laisser sortir les plus malheureux des habitants. Tout d'abord le général refusa, et ce ne fut que plus tard qu'il céda aux prières de la Suisse et aux démarches généreuses des membres de la conférence d'Olten réunie, le 7 septembre, sous les auspices du Conseil fédéral. Ce furent les délégués suisses qui obtinrent l'autorisation nécessaire et organisèrent l'émigration avec un zèle digne des plus grands éloges.

Il peut arriver aussi que, dans une ville assiégée, dans la capitale par exemple, se trouvent des ambassadeurs ou envoyés des puissances neutres ; ils ont évidemment le droit de rester à leur poste ou de se retirer s'ils en font la demande ; mais pourront-ils continuer à correspondre avec leurs gouvernements ? On sait, en effet, que l'assiégeant a le droit absolu d'interdire toutes communications entre la ville assiégée et le dehors. Cette prohibition est-elle opposable à tous, au corps diplomatique et consulaire étranger aussi bien qu'aux citoyens ?

La question s'est posée pendant le siège de Paris. Le corps diplomatique, enfermé dans la capitale, ayant rencontré, de la part du chancelier allemand, les plus grandes difficultés pour en sortir, demanda

---

rent aucune suite à cette demande et qu'ils s'acharnèrent encore avec plus de fureur contre une malheureuse cité qu'ils voulaient *réduire en cendres*, comme ils le disent eux-mêmes. » (Siège de Péronne, extrait de l'*Allgemeine militär Zeitung*, reproduit par la *Revue militaire française* de juillet 1875.)

(1) Le général de Werder refusa même de recevoir l'évêque.

l'autorisation d'expédier, une fois par semaine, un courrier exclusivement diplomatique. C'était le 24 septembre; le 27, M. de Bismarck répondit : « L'autorisation de l'échange des correspondances de la forteresse n'est pas, en général, dans les usages de la guerre ; et quand même nous autoriserions volontiers l'expédition de lettres ouvertes des agents diplomatiques, en tant que leur contenu soit sans inconvénient au point de vue militaire, je ne puis reconnaître comme fondée l'opinion de ceux qui considéreraient l'intérieur des fortifications de Paris comme un centre convenable pour les relations diplomatiques. » Le 6 octobre, les intéressés répondirent en protestant contre cette prétention de ne laisser passer que des lettres ouvertes ; mais M. de Bismarck tint bon ; seul, le représentant des Etats-Unis, qu'on tenait à ménager, put correspondre avec son gouvernement. Retenons donc de cet épisode de la dernière guerre que la prohibition de communiquer avec le dehors est opposable à tous.

IV. — Espions et traîtres. — Déserteurs. — Transfuges. Messagers, Guides et aéronautes.

1° *Espionnage.* — D'une façon générale, on entend par *espion* l'individu qui, agissant clandestinement ou sous de faux prétextes, recueille ou cherche à recueillir, pour une fin secrète, des informations dans un pays étranger, soit sur les affaires du gouvernement, soit sur la force des armées, des places fortes ou autres choses semblables. Afin d'éviter l'erreur en cette matière, il faut tout d'abord distinguer soigneusement l'espionnage en temps de paix et l'espionnage en temps de guerre. Il n'y a, dit-on, d'espions qu'en temps de guerre. Est-ce à dire que ces agissements secrets n'existent ou ne sont un danger que pendant les hostilités? Loin de là (1); seulement, avant la guerre, les recherches faites à l'étranger sur les armements, les places fortes, les ressources de l'ennemi, constituent simplement un délit justiciable des tribunaux ordinaires, et non plus, comme pendant la lutte, un crime pouvant être jugé et puni militairement par les conseils de guerre.

Cette distinction posée, passons à l'étude de l'espionnage en temps de guerre, le seul dont nous ayons à nous occuper ici.

La nécessité de cette pratique est très contestée et, disons-le, très contestable. Parmi les partisans de l'espionnage, il faut placer au premier rang le roi

---

(1) « L'espionnage en France a été pratiqué pendant de longues années par les Prussiens avec une audace qui n'a été dépassée que par notre légèreté et notre insouciance. On leur montrait avec une incomparable niaiserie tout ce qu'ils auraient eu quelque difficulté à voir en espionnant ; on se rappelle, pendant l'Exposition de 1867, la visite du général de Moltke dans les forts de Paris. Les officiers prussiens venaient en Lorraine et en Alsace chasser avec les propriétaires du pays ravis de leur amabilité ; pendant ce temps, leurs hôtes étudiaient les bois et leurs sentiers. La masse de commerçants, d'employés, d'ouvriers, de domestiques et de balayeurs allemands établis dans toutes nos villes, y revinrent comme officiers ou soldats de la landwehr et servirent de guides à leur bataillon. A Metz, à Strasbourg, à Paris, les espions français payés par l'ennemi étaient nombreux, aussi était-il informé de tout ce que nous faisions. » — L. Dussieux, *Histoire générale de la guerre de 1870-1871*, p. 44.

Frédéric II de Prusse, qui s'explique avec complaisance sur les secrets du métier. « Il y a, dit-il, quatre sortes d'espions : les petites gens qui se mêlent de ce métier, les doubles espions, les espions de conséquence et ceux, enfin, que l'on oblige par la violence à ce malheureux emploi. Lorsque, par aucun moyen, on ne peut avoir dans le pays ennemi de ses nouvelles, il reste un expédient auquel on peut avoir recours, quoiqu'il soit dur et cruel, c'est de prendre un gros bourgeois qui a femme, enfants et maison; on lui donne un homme d'esprit que l'on déguise en valet (il faut qu'il sache la langue du pays). Le bourgeois est obligé de le prendre comme son cocher et de se rendre au camp des ennemis, sous prétexte de se plaindre des violences que vous lui faites souffrir. S'il ne ramène pas votre homme après avoir séjourné dans le camp ennemi, vous le menacez de faire égorger sa femme et ses enfants, et de faire brûler et piller sa maison. J'ai été obligé de me servir de ce moyen lorsque nous étions au camp de Chlusitz, et cela me réussit (1). »

Les chefs militaires des Etats belligérants, disent MM. Brentano et Sorel, sont dans la nécessité de se renseigner le mieux possible sur les forces et les mouvements de l'ennemi; de là pour eux l'obligation d'avoir des espions (2).

Vattel admet l'espionnage comme licite dans cer-

---

(1) Voyez A. Morin, *op. cit.*, t. I, p. 240.
(2) *Précis de droit des gens*, p. 291.

tains cas, mais il ne le fait qu'à son corps défendant et avec les plus grandes réserves (1).

En revanche, la plupart des autres écrivains et publicistes flétrissent justement l'espionnage et ceux qui en font métier. « L'espionnage serait tolérable, disait Montesquieu, s'il pouvait être exercé par d'honnêtes gens, mais l'infamie des personnes montre l'infamie de la chose. »

« Un homme d'honneur qui ne veut pas s'exposer à périr par la main du bourreau ne fait pas le métier d'espion ; et d'ailleurs, il le juge indigne de lui, parce que ce métier ne peut pas s'exercer sans trahison. Le souverain n'est donc pas en droit d'exiger un pareil service de ses sujets (Vattel).

« On peut plaindre ceux que le manque de principes ou la mauvaise éducation entraînent à de pareils actes ; mais on ne peut que mépriser ceux qui, haut placés par leur éducation et leurs lumières, engagent ces malheureux à des actes infâmes (2) » (Pinheiro-Ferreira).

Voilà pour l'acte ; quant à l'utilité d'y recourir, écoutons Pasquale Fiore : « C'est une bassesse que de se servir d'espions, parce que souvent les espions mentent, et les généraux sont toujours obligés de vérifier par d'autres moyens ce qu'ils connaissent par eux (3). »

On le voit, il y a chez les publicistes tendance

---

(1) Vattel, t. III, § 179.
(2) Pinheiro-Ferreira ; note sur Vattel, p. 429.
(3) Pasquale Fiore, *op, cit.*; t. II, p. 283.

générale à flétrir l'espionnage comme une pratique infâme, rarement utile, souvent dangereuse et toujours déshonorante.

M. Bluntschli dans la règle 630 prend soin de spécifier que les militaires isolés ou en troupes qui font des reconnaissances et pénètrent dans les lignes ennemies ne doivent pas être considérés comme espions. Cela est de toute évidence, et avait à peine besoin d'être dit; il n'y a d'espion réel que celui qui se dissimule. Ces sortes de reconnaissances se faisant ouvertement, en conformité des lois et usages de la guerre, n'ont point la clandestinité qui fait le caractère essentiel de l'espionnage; ce qui le prouve, c'est qu'on enverra parfaitement un officier faire une reconnaissance, tandis qu'on ne l'enverra pas espionner.

Le traitement réservé aux espions, par les lois militaires de chaque Etat, est presque toujours la mort; on les pend ou on les fusille. Remarquons à ce sujet que, même dans le flagrant délit, l'espion ne doit jamais être mis à mort sans jugement. Le droit international, d'accord sur ce point avec notre Code de justice militaire (art. 63, 64, 205 et suivants), les rend justiciables des conseils de guerre et proscrit sévèrement les exécutions sommaires; de la sorte on évite les méprises funestes, les accusations mal fondées, si fréquentes en temps de guerre, alors qu'on est disposé à voir des espions partout (1).

______

(1) Nous ne saurions mieux appuyer l'énoncé de ce sage principe, qu'en donnant ici le résumé de l'affaire Serres, Cremer,

Pour la poursuite comme pour la punition, il faut distinguer le cas de flagrant délit de ce que nous nommerons l'*espionnage terminé*.

L'espion ne peut être poursuivi et puni que s'il est pris sur le fait ; la peine sera alors la mort, que le coupable soit sujet de l'Etat ou étranger (1) ; seule-

---

Arbinet qui, en 1872, eut un grand retentissement. Le sieur Arbinet, épicier à Dijon, était à la fin de 1870 en relations de commerce et d'espionnage avec les Prussiens ; pour détourner les soupçons, il voulut offrir des renseignements aux généraux Bourbaki et Cremer ; malheureusement pour lui, il n'était pas de taille à jouer ce rôle d'espion double, et comme on l'a dit à l'audience : « *il vint comme un papillon se brûler à la chandelle.* » Il fut vite soupçonné et arrêté. On l'amena à Beaune au général Cremer auquel M. de Serres, délégué de M. Gambetta, expédia le télégramme suivant : « Hier au soir a été arrêté le sieur Arbinet, pourvoyeur et espion de l'ennemi occupant Dijon. Assurez-vous bien avec l'autorité civile de l'identité et qualité du personnage, et *faites-le fusiller aujourd'hui.* » C'était le 27 décembre, le même jour à quatre heures, Arbinet était fusillé dans le chemin de ronde de la prison de Beaune. L'opinion publique s'émut de cette exécution sommaire, et, après la guerre, MM. de Serres et Cremer furent traduits le 15 juillet 1872 devant un conseil de guerre où siégeaient les maréchaux Baraguay-d'Hilliers, Mac-Mahon et Canrobert ; de Serres comme accusé principal, Cremer comme complice d'homicide volontaire. Les débats, tout en faisant ressortir la culpabilité certaine d'Arbinet, établirent qu'en le condamnant sans jugement on avait violé non seulement les lois de la guerre et les dispositions du Code de justice militaire, mais même les prescriptions du décret récent du 2 octobre 1870 créant les cours martiales. En effet, l'art. 3 de ce décret porte in *fine* : « En cas de condamnation, la sentence sera exécutée le *lendemain matin.* » — Le conseil de guerre condamna le 17 juillet les deux prévenus à un mois de prison, comme coupables d'homicide par imprudence.

(1) A la conférence de Bruxelles, les délégués de l'Italie, de la Belgique et des Pays-Bas firent observer qu'en accordant que l'espion pris en flagrant délit puisse être jugé et puni par l'armée qui s'en empare, on accorde à l'ennemi une uridiction sur ses

ment, s'il s'agit d'individus non militaires, il pourra y avoir abaissement de la peine, par suite de l'admission de circonstances atténuantes (Art. 198, C. de J. M. et 463 C. P. combinés) (1). L'espionnage terminé, il n'en est plus de même; si l'espion est étranger, il est considéré comme un ennemi désarmé et traité en prisonnier de guerre; en effet, la nécessité de se défendre contre l'espionnage, et par suite le droit de le punir, n'existent qu'au moment où l'espion est pris sur le fait. Si au contraire l'espion est un sujet de l'Etat qui le capture, il est alors livré à la justice nationale, à laquelle il appartient de le juger et de le punir comme traître à la patrie.

Citons en terminant, deux exemples remarquables, rapportés par Calvo, de personnes d'un rang élevé, condamnées pour faits d'espionnage, pendant la guerre de l'Indépendance des Etats-Unis.

Le premier est celui du capitaine américain Nathan Hale qui s'étant glissé, à la faveur d'un déguisement, dans l'armée anglaise pour s'y procurer des rensei-

---

propres sujets, ce qui est, pour quelques Etats, contraire à leur droit public. L'objection n'est pas juste, car on reconnaît à son adversaire le même droit; alors ce n'est pas une *abdication*, mais simplement *un échange* de souveraineté.

(1) A la conférence de Bruxelles, on proposa de distinguer entre l'homme qui se livre à l'espionnage mû par un pur sentiment patriotique, et celui qui fait ce métier pour de l'argent. Cette distinction juste en soi fut repoussée comme étant d'une application difficile. D'ailleurs, par l'admission des circonstances atténuantes, les juges ont la faculté de ne pas appliquer toujours la peine capitale. La loi leur donne ainsi le moyen de ne pas traiter avec la même rigueur le patriote qui se dévoue et le misérable qui se vend.

gnements sur les forces de l'ennemi, fut pris au
moment où il cherchait à regagner les siens. Il fut
jugé, et on le fusilla dans les vingt-quatre heures,
après lui avoir refusé les secours de la religion.

L'affaire du général major anglais André est analogue : pris par les Américains et convaincu d'avoir
pénétré dans leurs retranchements et suborné le
général fédéral Arnold pour la remise aux Anglais de
West-Point, il fut amené devant le général Washing-
ton, jugé comme espion et pendu, malgré ses suppli-
cations pour qu'on l'exécutât comme il convenait à
un soldat.

2° *Trahison.* — La trahison, dans son sens le plus
ordinaire, est le fait de l'individu qui favorise
l'ennemi de son pays.

Ainsi entendue, elle relève du droit public interne
de chaque Etat et ce n'est point le lieu d'en parler
ici. Citons seulement, comme se rattachant à l'étude
que nous venons de faire de l'espionnage, l'article 83
du Code pénal français qui punit de mort « quiconque
aura recélé ou fait recéler des espions, qu'il aura
connus pour tels. » C'est l'application du principe
bien connu de notre législation pénale qui veut que
le complice soit puni de la même peine que l'auteur
principal.

Outre la trahison telle que nous venons de la définir, les Instructions américaines et le jurisconsulte
allemand en reconnaissent une autre dont la définition, les caractères et la répression rentrent plus
spécialement dans le domaine du droit international.
On suppose un territoire occupé par l'ennemi en

temps de guerre et l'on dit : tout habitant de ce territoire qui transmet à ses nationaux les renseignements, les plans de campagne qu'il a pu connaître par des *voies légales* ou *moyens licites*, ou qui envoie des avis à l'armée ou au gouvernement de son pays dans l'intention de nuire à l'armée occupante, se rend coupable de trahison et peut dans les cas graves être puni de mort (1).

Que faut-il entendre par *voies légales, moyens licites ?* Ni les Instructions américaines, ni M. Bluntschli ne nous donnent d'explications sur ce point qui méritait cependant d'être défini. Il nous semble qu'il y avait lieu tout au moins de distinguer entre le renseignement sollicité par l'habitant ou confié à sa bonne foi, et le renseignement recueilli par suite du hasard ou par la faute des intéressés ; comme on distingue entre le prisonnier sur parole qui s'évade et le prisonnier mal gardé qui profite du défaut de surveillance pour reconquérir sa liberté. Nous reconnaissons volontiers une espèce de quasi-contrat entre l'occupant et l'occupé, ce dernier s'engageant tacitement à rester neutre en retour de la protection qu'il reçoit et de la sécurité qu'on lui garantit ; mais est-ce suffisant pour justifier les rigueurs énoncées plus haut ? Nous ne le croyons pas et l'on ne devra y avoir recours que dans des cas extrêmement rares et sous la pression d'impérieuses raisons de sécurité.

Quoi qu'il en soit, le coupable devra toujours être

____

(1) *Instr. américaines*, 89, 90, 92. — Bluntschli, *op. cit.*, règles 631, 632.

entendu et jugé avant condamnation ; il y aura lieu, suivant les cas, à l'admission de circonstances atténuantes pouvant abaisser la peine, et les poursuites ne devront plus être possibles, si l'occupation avait cessé lorsque les communications ont été faites à l'ennemi.

3° *Déserteurs et transfuges.* — Les déserteurs et transfuges qui, trahissant le devoir militaire, passent à l'ennemi ou fuient sur un territoire étranger, commettent un crime justiciable de la juridiction pénale de chaque État. L'ennemi près duquel ils se rendent les accueille, comme disaient les Romains, par le *droit de la guerre* (1), et trop souvent il en obtient par trahison des renseignements utiles qu'il n'oserait demander aux prisonniers de guerre.

A-t-il le droit de les rendre à l'État dont ils sont sujets ?

La question est controversée. Dans une première opinion qui a pour elle la pratique, on dit qu'il ne peut pas. « En temps de paix, écrivent MM. Funck-Brentano et Sorel, les conventions pour la restitution des déserteurs équivalent à une alliance ; en temps de guerre, elles équivalent à une trahison envers les hommes qui cessent de combattre et viennent se placer sous la sauvegarde des lois de l'ennemi. L'État dont ils sont sujets les considère à juste titre comme des traîtres et les punit en conséquence s'il les capture ; l'État auquel ils demandent asile n'a point à

---

(1) Celse, L. 51, *De acquirendo rerum dominio.*

jugèr leur conduite, encore moins à les punir d'un acte qui ne l'atteint pas. Il n'a d'ailleurs aucun intérêt à les éloigner, car leur départ affaiblit l'armée ennemie (1). »

M. Achille Morin trouve qu'il serait plus digne des nations civilisées de s'entendre et de repousser les transfuges ; on pourrait même les livrer réciproquement par une sorte d'extradition d'autant plus légitime que le crime serait flagrant (2).

Cette deuxième opinion nous semble moins sûre et moins pratique que la précédente.

4° *Guides.* — Il faut distinguer deux sortes de guides :

a Celui qui s'offre librement à l'armée ennemie et lui montre les chemins ; c'est un traître, et il doit être puni comme tel.

b Celui qui est contraint par la force à conduire les troupes ennemies ; ce dernier n'est pas punissable d'après les lois de la guerre, puisqu'il n'a cédé qu'à la nécessité.

Quand on y réfléchit, on trouve que rien n'est plus digne de pitié que la situation de ce malheureux placé entre son honneur et sa vie. S'il refuse, c'est la mort ; s'il obéit, c'est la trahison, involontaire, c'est vrai, mais cependant aussi funeste dans ses résultats que si elle était consentie librement ; enfin si, feignant d'obéir, il égare l'ennemi, c'est encore la mort qui l'attend. En présence d'alternatives aussi

---

(1) Funck et Brentano, *op. cit.*, p. 293.
(2) Morin, *op. cit.*, p. 259.

cruelles et quand on songe qu'au point de vue humain on ne peut exiger d'un homme qu'il devienne martyr et se laisse tuer plutôt que de céder à l'ennemi, on se prend à regretter de voir encore subsister de pareilles pratiques à une époque qui se pique de civilisation.

5° *Messagers*. — Les Instructions américaines disent à ce sujet, article 99 : « Les messagers qui, armés et revêtus de l'uniforme national, transportent des dépêches écrites ou verbales, d'un corps de troupes ou d'une place assiégée à un autre corps de troupes ou au gouvernement, et sont capturés sur le territoire occupé par l'ennemi en remplissant leur mission, sont traités comme prisonniers de guerre. S'ils ne sont pas en uniforme et ne sont pas militaires, les circonstances qui ont accompagné la capture détermineront les dispositions à prendre à leur égard. »

Tout se résume donc dans une question de bonne foi.

S'ils n'ont rien fait pour tromper l'ennemi, ce sont des adversaires loyaux qui doivent être considérés et traités comme prisonniers de guerre.

S'ils ont employé la ruse, le déguisement, s'ils ont usé de perfidie, ils sont alors assimilables à des espions et peuvent être jugés et punis comme tels.

Aéronautes. — Que dirons-nous des aéronautes ? Bien que l'usage des ballons en temps de guerre soit déjà ancien, la question est nouvelle, puisqu'elle s'est posée, pour la première fois seulement, en 1870, au double point de vue de la légitimité du procédé et du

traitement à infliger à ceux qui l'employaient (1).
Lors du siège de Paris en 1870, les ballons jouèrent
un rôle considérable, et, du 23 septembre jusqu'à
l'armistice, on en lança plus de soixante qui enlevèrent environ 150 personnes, parmi lesquelles M. Gambetta, qui put ainsi aller se mettre à la tête du mouvement de défense en province. Tous n'arrivèrent pas
à bon port, l'ennemi leur fit une guerre acharnée et
alla jusqu'à inventer pour les atteindre un canon de
forme spéciale. Nous trouvons dans une lettre (19 novembre 1870) de M. de Bismarck à M. Washburne,
ministre des Etats-Unis, l'indication du traitement
que les Prussiens croyaient pouvoir appliquer à ceux
qui tombaient entre leurs mains par accident ou
autrement : « Toutes les personnes qui prendront
cette voie pour franchir nos lignes sans autorisation
ou pour entretenir des correspondances au préjudice
de nos troupes, s'exposeront, si elles tombent en
notre pouvoir, au même traitement qui leur est tout
aussi applicable qu'à ceux qui feraient des tentatives
semblables par la voie ordinaire. »

On peut se demander, à bon droit, comment il est
possible d'assimiler des gens qui passent ouvertement en ballon, en vue de l'ennemi, à des espions

---

(1) A la bataille de Fleurus, le 26 juin 1792, des officiers français, montés dans un ballon captif, observèrent les mouvements
de l'armée autrichienne. — La même année, on se servit de ballons
au siège de Mayence. — En 1812, les Russes essayèrent, sans
succès, de se servir de ballons pour jeter des projectiles incendiaires sur l'armée française.

qui s'introduisent furtivement dans ses lignes. Il n'y a là qu'arbitraire et mauvaise foi.

On l'a si bien compris en Prusse qu'on a essayé, après la guerre, de justifier les errements de 1870 en formulant, pour les besoins de la cause, une nouvelle règle de droit international, la voici : « Pour autant que l'armée occupante peut exercer un pouvoir effectif, à portée de canon sur l'espace d'air qui s'étend au-dessus du territoire occupé, elle sera autorisée à interdire les relations par ballons. L'espace d'air situé au delà de cette limite n'est pas soumis aux règlements et aux pénalités prescrites par l'ennemi (1). » — Ainsi jusqu'à trois à quatre mille pieds d'élévation, l'air est encore soumis à l'action de l'armée occupante ; au-dessus, il échappe à cette action. Voilà, certes, une prétention bizarre ; aussi le jurisconsulte qui l'a formulée gravement avoue lui-même qu'il sera difficile de déterminer exactement la hauteur à laquelle passera le ballon et qu'il faudra recourir à des présomptions selon la construction, le volume, ou admettre que celui qui est tombé sur le territoire occupé avait l'intention de passer au delà.

Tout cela n'est pas sérieux ; il est bien plus simple et plus naturel d'assimiler le voyageur aérien au messager qui tente de franchir les lignes ennemies, et de le traiter en prisonnier de guerre.

On pourrait encore comparer le personnel d'un ballon à l'équipage d'un navire qui brise un blocus ; il n'y a, pour une pareille tentative, aucune pénalité

_____

(1) Bluntschli, *op. cit.*, règle 632 *bis*.

dans les lois de la guerre ; or, pourquoi serait-il plus criminel de faire à travers les airs ce qu'il est licite de faire à travers les eaux (1).

V. — Des représailles.

Il faut distinguer deux sortes de représailles :
1° Les représailles en temps de paix ;
2° Les représailles en temps de guerre.

Les premières peuvent se définir : toute violence exercée d'Etat à Etat, *hors la guerre*, pour obtenir la réparation d'une injustice. Elles sont un moyen terme entre la paix et la guerre et ont la plupart du temps pour but d'arriver à satisfaction sans recourir à des hostilités en règle.

Les secondes sont basées sur une espèce de réciprocité ou plutôt de loi du talion, en vertu de laquelle lorsque l'ennemi ne respecte pas les usages de la guerre, on agit de même à son égard. Elles sont un intermédiaire entre la guerre qui est régulière et celle qui ne l'est pas ; ou, si on le préfère, un moyen d'empêcher la lutte de devenir tout à fait barbare.

Les représailles en temps de guerre seules rentrent dans notre sujet.

Quand on lit les auteurs qui ont écrit sur le droit des gens et les lois de la guerre, on est frappé de ce fait caractéristique que tous ou presque tous, sauf quelques modernes, sont muets sur cette deuxième espèce de représailles, tandis qu'ils s'étendent lon-

______

(1) Calvo, *op. cit.*, p. 142.

güement sur la première. Qu'est-ce à dire? Faut-il en conclure que les représailles pendant les hostilités sont d'invention moderne, et que les excès qu'elles autorisent n'attristaient pas les guerres d'autrefois? Oui et non. Le fait est ancien mais la qualification est moderne. Autrefois, avant ce qu'on appelle les lois de la guerre, aucun des adversaires n'avait souci, pour justifier ses actes, d'incriminer ceux de son ennemi; chacun tuait, pillait, incendiait à sa guise. Rien n'était défendu, tout était permis. En revanche, du jour où, d'un accord unanime, certaines prohibitions ont été admises, leur violation a amené le belligérant lésé à user de réciprocité. C'est ainsi que sont nées les représailles que nous allons étudier; il faut y voir, dit M. Brocher, le symptôme d'un progrès, bien que de nouveaux progrès doivent amener leur diminution, peut-être même leur disparition.

Définissant plus haut les représailles, nous avons dit qu'elles étaient un moyen d'empêcher la lutte de devenir tout à fait barbare, mais, pour que cela soit vrai, il faut qu'elles soient exercées d'après certains principes que nous allons fixer (1).

---

(1) La conférence de Bruxelles supprima à l'unanimité la section IV du projet russe intitulé : *des Représailles*. Un des membres, M. Neumann, approuva formellement la suppression, en rappelant le mot de saint Augustin qui nomme le droit du talion : *justitia injustorum*. En revanche, MM. de Martens, Bluntschli et Moynier protestèrent. M. Rolin-Jacquemyns dit à ce sujet : Nous sommes très décidément d'avis que plus le droit de représailles est terrible, plus il convient de le réglementer. Si l'on peut le supprimer, il faut le faire. Mais si, comme nous le croyons, cela est impossible, il vaut mieux le définir en le limitant, que de lui laisser libre car-

Sans aucun doute, l'Etat qui manque aux coutumes de la guerre ou en abuse, le fait à ses risques et périls et s'expose à voir son adversaire agir de même à son égard. Mais avant d'en venir là ce dernier doit :

1° Etablir d'une manière certaine l'infraction dont il croit avoir à se plaindre ;

2° La dénoncer à l'ennemi, lui demander que des mesures soient prises en vue d'en prévenir le retour, et réclamer, s'il y a lieu, des réparations. Si les garanties ou les satisfactions demandées sont refusées, alors seulement on peut recourir aux représailles.

Comment les exerce-t-on, et dans quelles limites ?

1° Il faut l'ordre d'un chef, officier supérieur, chef de corps ou commandant d'armée, car les représailles sont une arme trop dangereuse pour être laissée entre les mains de tous les combattants chefs inférieurs ou soldats.

2° Le chef qui les ordonne ne doit jamais oublier qu'elles sont un moyen de *coërcition* et non un *châtiment* ; par suite, il a soin de les proportionner à l'infraction commise et de ne jamais la dépasser. S'il agit autrement, l'ennemi est en droit de se plaindre, ce qui amène de sa part de nouvelles représailles, ainsi les excès s'ajoutent aux excès et la guerre prend un caractère de plus en plus barbare.

---

rière en obéissant à un sentiment exagéré d'humanité et de délicatesse. Comme le dit fort bien M. Moynier, si ce scrupule était fondé, il s'appliquerait à tout ce qui concerne le droit de la guerre. (*Revue internationale*, 1875, t. 7).

3° Sous ces réserves, on admet généralement que l'infraction commise à titre de représailles pourra différer de celle que l'on veut punir. Il n'est pas toujours possible, ni toujours bon de calquer exactement son adversaire, et si on veut le ramener à des pratiques meilleures, il faut pouvoir à l'occasion se borner à des mesures moins graves et par suite différentes.

4° Enfin, il faut toujours se souvenir que si les représailles sont une mesure extrême que la nécessité excuse parfois, elles ne sont jamais un droit et qu'elles produisent rarement des résultats efficaces.

Les représailles peuvent s'exercer soit sur les biens, soit sur les personnes ; c'est ce dernier mode que nous avons à étudier.

La guerre de 1870-71 nous fournit malheureusement de nombreux exemples d'attentats contre les personnes, de gens fusillés, d'otages emprisonnés ou envoyés en Allemagne sous ce prétexte. Ces exemples, relatés par des écrivains impartiaux, nous les avons soigneusement étudiés, et jamais nous n'y avons trouvé la raison suffisante, la nécessité impérieuse et par suite la justification possible. Un soldat allemand a été tué dans un village, on ne trouve pas le coupable ; est-ce une raison pour fusiller deux ou trois habitants pris au hasard ? Les Allemands ont bombardé Strasbourg sans pitié ; cela justifie-t-il le bombardement par représailles de la ville de Kehl dont les habitants n'étaient en rien responsables des actes de l'armée allemande ?

Quoi qu'on en dise, de tels procédés ne résistent

pas à l'examen parce qu'ils blessent au plus haut degré la justice et l'humanité, et si les représailles sur les biens sont parfois des excès injustifiables, elles ne sont rien en comparaison de celles qui, s'exerçant sur les personnes, arrivent à faire payer aux innocents les fautes des coupables. Pour les accepter, il faudrait créer arbitrairement un principe de solidarité entre tous les individus d'une même nation ; solidarité telle que le crime d'un citoyen pût retomber au hasard sur la tête d'autres citoyens, et que la faute individuelle pût amener la répression collective. C'est la guerre, dira-t-on peut-être ! La guerre, telle qu'on la fait, soit, mais non telle qu'on devrait la faire. Ainsi comprises, les représailles, au lieu de protéger les coutumes de la guerre, conduisent à leur suppression ; elles ne sont plus qu'un prétexte commode pour couvrir des actes provoqués par la passion, la haine ou la vengeance, et c'est là, suivant les Instructions américaines, « le côté le plus triste de la guerre ». Aussi disons-nous en terminant, avec le jurisconsulte allemand, qu'il est plus digne d'en faire usage aussi rarement que possible.

CHAPITRE III.

DES BLESSÉS ET MALADES. — CONVENTION DE GENÈVE. DES MORTS.

Après avoir exposé ce qu'il faut entendre en temps de guerre par belligérants et par pratiques licites et illicites, il nous reste à nous occuper des résultats que la lutte peut amener, c'est-à-dire des blessés, des morts et des prisonniers de guerre.

Parlons d'abord des blessés.

I. *Blessés et malades*. — Il est fort difficile de savoir quelque chose d'un peu précis sur la manière dont on traitait les malades et les blessés dans l'antiquité.

Chez les Egyptiens, le soldat a droit à des secours organisés et contrôlés par l'Etat, ainsi qu'il ressort de la phrase suivante de Diodore de Sicile : « Quand les Egyptiens vont en guerre, ils sont soignés gratuitement, car les médecins reçoivent un salaire de l'Etat. » (1) Les Grecs, au siège de Troie, ont aussi leurs médecins et ils les tiennent en haute estime, si l'on en juge par le fait suivant : l'un de ces médecins nommé Machaon ayant été blessé, Homère fait dire à Idoménée : « Fils de Nélée (Nestor), hâte-toi de retirer Machaon du milieu des guerriers ; emporte-le sur ton char près des vaisseaux, car un médecin vaut à lui seul mille combattants. »

Dans la *Cyropédie*, Xénophon fait ressortir avec insistance l'obligation pour un chef d'armée de s'attacher de bons médecins ; de ne pas oublier les médicaments, qui ne chargent pas beaucoup et dans l'occasion sont infiniment utiles (2) ; de montrer enfin la piété la plus respectueuse et la plus empressée pour le courage malheureux même dans les rangs ennemis. En voulons-nous des exemples. Lisons ce

(1) Diodore de Sicile (L. I, ch. LXXXII).
(2) Xénophon, *Cyrop.*, I, ch. VI ; IV, ch. II.

qui suit : « A la suite d'une défaite de ses alliés, le roi court au-devant d'eux, accueille les blessés à mesure qu'ils arrivent, et les fait panser ; le roi paraissait pénétré de douleur. A l'heure du souper, il continue de veiller avec les médecins sur les blessés, dont il veut qu'aucun ne soit négligé ; il les visite en personne, ou bien il détache, près de ceux qu'il ne peut aller voir, des gens pour les soigner. » Dans un autre récit, après une victoire, « on amène à Cyrus plusieurs prisonniers, les uns enchaînés, les autres blessés ; il met les blessés entre les mains des médecins et les fait soigner. » (1).

Ce dernier trait n'était probablement qu'une recommandation de l'auteur à ses compatriotes, introduite avec autant de ménagement que d'à propos, car le plus souvent les Grecs se montraient impitoyables pour les vaincus. Il faut cependant noter qu'Alexandre dans toutes ses expéditions fit preuve de la plus grande sollicitude pour les blessés (2).

Les Romains des premiers siècles étaient bien les fils de la Louve ; pendant près de 600 ans ils n'eurent de médecins ni en ville, ni aux camps. Pourtant il est des accidents inévitables. « Que faisait-on alors à Rome, dit Voltaire, quand on avait la fièvre ou une fluxion de poitrine ? — On mourait. » En expédition, les blessés sans doute en faisaient autant. Plus tard, les généraux romains eurent des médecins ; César les fit citoyens ; Auguste les exempta d'impôts ;

---

(1) Xénophon, *Cyrop.*, V, ch. IV ; III, ch. II.
(2) Diodore de Sicile, *Bibl. hist.*, XX, 97.

Tibère est vanté par Velleius Paterculus comme ayant eu des soins tout particuliers pour les blessés; Pline le jeune en dit autant de Trajan. En guerre le général visitait les blessés, avançant la tête sous les tentes, louant les exploits de chacun, et lui demandant, avec sollicitude, dans quel état il se trouvait (1). En campagne, blessés et malades étaient traités jusqu'à complète guérison, soit dans les camps de marche s'il s'agissait de blessures ou d'indispositions légères (2); soit dans un seul de ces camps, si le nombre des légions dont se composait l'armée en comportait plusieurs (3); on s'empressait d'évacuer les malades et les blessés sur la ville la plus voisine (4); là, ils étaient répartis entre les habitants les plus recommandables que l'on indemnisait de leurs dépenses, comme aussi des frais de sépulture des hommes qui succombaient (5). Aussitôt rétablis, les soldats étaient dirigés sur leurs corps, soit isolément, soit par détachements suivant le cas (6). On le voit, chez les Romains, l'Etat avait su comprendre son devoir envers ses soldats, et les chefs d'armée marchaient vers les idées humanitaires. Ce sont eux qui nous ont légué la maxime : *Hostes dùm vulnerati fratres*, qui, agran-

---

(1) Tite-Live, VIII, 36. — Salluste, *Jugurtha*, § LIV. — Tacite, *Annales*, I, 71.

(2) Tite-Live, XLI, 4.

(3) J. César, *De Bello gallico*, VI, 35, 38.

(4) Polybe, III, 66. — Tite-Live, XL. 33. — J. César, *op. cit.*, III, 78.

(5) Lampridius, *in Alex, Sev.*, § XLVII.

(6) Tacite, *Annales*, XIII, 11.

dié par l'influence des idées chrétiennes, est devenue
un principe universellement reconnu de toutes les
nations modernes. La longue période du moyen âge,
en la prolongeant même jusqu'après les guerres de
religion, ne nous apprendrait et ne saurait rien nous
apprendre en fait de respect des blessés. Jamais, en
effet, l'axiome brutal : « La force prime le droit » ne
fut plus triomphant. La médecine, d'ailleurs, était
dans l'enfance et la chirurgie n'était pratiquée que
par des gens obscurs et sans valeur. Le premier nom
qui se détache avec éclat dans notre histoire est celui
d'Ambroise Paré qui, au XVIe siècle, pratiqua la
chirurgie militaire et publia un petit ouvrage sur la
méthode de traiter les plaies faites par les armes de
guerre. Le premier hôpital militaire, les Invalides,
fût bâti en 1659 ; puis vinrent successivement Bour-
bonne en 1730, l'hôpital militaire des gardes françaises en 1759, puis d'autres à Metz, Strasbourg,
Lille, etc.

C'était là un progrès, mais la création de ces hôpitaux sédentaires, n'améliorait guère le sort des blessés sur les champs de bataille ; pour y pourvoir, un
édit du 17 janvier 1708 créa un service permanent
de médecins inspecteurs généraux et majors à la
suite des armées. Plus tard, la Révolution et l'Empire ayant amené des guerres meurtrières, Dominique
Larrey donna à chaque division de l'armée un service
régulier de santé ; de telle sorte qu'il y avait des chirurgiens et un pharmacien, des aides, des infirmiers
et des voitures, appelées ambulances volantes, pour
ramasser et panser les blessés sous le feu. Depuis on

a constamment travaillé à augmenter et à améliorer le service hospitalier en campagne, pour lui permettre de faire face aux besoins de la lutte (1).

Au point de vue international, nous avons à constater en cette matière un grand progrès accompli ; nous voulons parler de la neutralisation des malades, des blessés, du matériel et du personnel des ambulances.

Le général Stairs et le maréchal de Noailles, en 1743 (2), le général Moreau en 1800 (3) furent les

----

(1) Nous ne pouvons exposer ici l'organisation actuelle du service hospitalier ; nous renvoyons ceux qui désireraient en avoir une idée exacte à l'excellent ouvrage de M. Delaperrière. (*Cours de législation et d'administration militaires*, t. II, 2ᵉ partie.)

(2) Le soir même de la bataille de Dettingen (27 juin 1743), les anglo-autrichiens ne se croyant pas en sûreté malgré leur succès, décampèrent et laissèrent sur le champ de bataille cinq à six cents blessés, que le général anglais, lord Stairs, recommanda par une lettre expresse à la générosité du maréchal de Noailles. La convention conclue fut si religieusement observée, que l'on vit ce fait curieux, l'armée battue relever et soigner les blessés du vainqueur. (Camille Rousset, *Correspondanee de Louis XV et du maréchal de Noailles*. Paris, 1865).

(3) Voici le texte du projet de convention envoyé par Moreau au général autrichien Kray en 1800 :

« Art. 1ᵉʳ. — Les hôpitaux militaires seront considérés comme autant d'asiles inviolables où le courage malheureux sera respecté, secouru, et toujours libre, quelle que soit l'armée à laquelle ces hôpitaux appartiennent et sur quelque terrain qu'ils soient établis.

« Art. 2. — La présence de ces hôpitaux sera indiquée par des écriteaux placés sur les chemins aboutissants.....

« Art. 3. — Chaque armée restera chargée de l'entretien de ses hôpitaux, après avoir perdu le pays où ils existent, comme si ce pays était encore en son pouvoir. Les effets continueront à lui appartenir ; les dépenses seront à son compte ; rien ne sera changé

premiers à proclamer cette neutralisation. En 1815,
la convention du 3 juillet, qui livrait Paris aux alliés,
portait que : « Les malades et les blessés, et les officiers de santé qu'il serait nécessaire de laisser avec
eux, seraient sous la protection spéciale du commandant en chef des armées anglaise et prussienne. » En
1859, quelques jours après la bataille de Montebello,
un décret, paru le 29 mai à l'*Officiel*, ordonna que
désormais tous les prisonniers blessés fussent rendus
à l'ennemi sans échange, dès que leur état le per-
mettrait. Pendant la même campagne, un philanthrope
génevois, M. Dunant, qui avait suivi l'armée française, relevé et soigné les blessés, raconta dans un
ouvrage intitulé : *Un souvenir de Solférino*, l'effet produit sur lui par la vue des champs de bataille. Son
ami, M. Moynier, président de la Société génevoise
d'utilité publique, partagea ses idées sur la neutralisation des ambulances, et tous deux s'adressèrent à
plusieurs gouvernements pour attirer leur attention
sur cette importante question. Leur appel fut entendu
et les commissaires d'un grand nombre d'Etats, réu-

---

au régime de ces établissements, et la consigne donnée à la sauvegarde sera concertée *entre les chefs de service* et le commandant
du poste étranger.

« Art. 5. — Les militaires guéris de leurs blessures seront renvoyés à leur armée respective avec une escorte qui leur fournira
en chemin des vivres, des voitures, et les accompagnera jusqu'aux
avant-postes de l'armée où ils se rendront.

« La présente convention, seulement applicable aux militaires
blessés, sera publiée à l'ordre des deux armées et lue, dans chaque
corps, deux fois par mois. » — Docteur Chenu (*Rapport au conseil
de santé des armées sur les résultats du service médico-chirurgical
aux ambulances de Crimée*. Paris, 1865).

nis à Genève, généralisèrent, sous la présidence du général Dufour, l'idée de MM. Dunant et Moynier.

Une convention fut signée le 22 août 1864 et adoptée successivement par tous les Etats de l'Europe. On peut donc considérer ce traité comme l'expression d'un principe universellement reconnu aujourd'hui.

Dans une nouvelle conférence, réunie à Genève le 20 octobre 1868, après la guerre de 1866 entre la Prusse et l'Autriche, la convention de 1864 fut complétée au moyen d'articles additionnels et étendue à l'armée de mer (1).

Par l'adoption de cette convention célèbre, le sort des militaires blessés, surtout des blessés ennemis, est devenu incontestablement meilleur, mais un certain nombre de lacunes du traité sont devenues évidentes à la suite de la guerre de 1870. Ce sont ces lacunes qu'il est important de noter en étudiant le texte de la convention.

La convention de Genève du 22 août 1864, complétée en 1868, comprend pour l'armée de terre huit articles que nous allons successivement passer en revue. Nous ferons suivre chacun d'eux d'observations critiques empruntées la plupart aux travaux des auteurs et des médecins qui ont écrit sur les dernières guerres.

« Article 1er. — *Les ambulances et les hôpitaux mi-*

---

(1) Les conventions additionnelles de 1868 n'ont pas été officiellement acceptées par les diverses puissances, mais elles n'en ont pas moins depuis été reconnues et adoptées comme *modus vivendi*, notamment en 1870.

litaires sont reconnus neutres et comme tels protégés et respectés par les belligérants, aussi longtemps qu'il s'y trouve des malades et des blessés.

« *La neutralité cesserait, si ces ambulances ou hôpitaux étaient gardés par une force militaire.* »

Il est important de bien s'entendre sur la neutralité garantie dans cet article aux établissements de secours pour les blessés ou malades. Nous allons montrer que ce ne peut être qu'une neutralité incomplète et relative.

Supposons une armée victorieuse, restée maîtresse du champ de bataille et rencontrant devant elle les ambulances de l'ennemi ; va-t-elle s'arrêter devant ce matériel, comme devant un territoire neutre qu'on laisse de côté sans s'en préoccuper autrement ? Non, sans doute, puisqu'elle a non seulement ses blessés mais encore ceux du vaincu à recueillir ; comment accomplira-t-elle cette tâche, si elle ne peut se servir des ambulances tombées en son pouvoir, si elle doit les rendre à l'ennemi ? Et si la neutralité des ambulances de première ligne offre déjà tant de difficultés, que dirons-nous de celle du matériel de seconde et de troisième ligne, hôpitaux de campagne, ambulances et hôpitaux sédentaires ? Est-ce donc là ce qu'a prétendu la convention de Genève ? Evidemment non ; seulement ses rédacteurs n'ont pas trouvé la formule exacte du principe qu'ils voulaient poser. Ce qu'ils ont demandé, c'est que jamais, sous aucun prétexte, les personnes et les choses attachées au service de santé ne fussent distraites de leur destination ordinaire. C'est en somme l'*inviolabilité* qu'ils ont voulu, bien plutôt que la *neutralité*.

En admettant cette qualification d'*inviolabilité*, qui au fond est la seule vraie et juste, il y a lieu de remarquer, qu'à l'égard d'une certaine partie du personnel hospitalier, elle ne peut être que temporaire.

L'inviolabilité du personnel sanitaire repose sur cette supposition qu'il ne prend aucune part à la lutte. Mais il n'est pas toujours possible de se borner, en temps de guerre, aux infirmiers et brancardiers ordinaires, et on est forcé de leur adjoindre des soldats. Ces soldats se sont battus avant, et se battront après. Par suite, les motifs qui obligent à respecter l'infirmier ou le porteur de blessés, ne doivent avoir d'effet que pendant la durée de ce service pacifique, et cesser dès l'instant où cet infirmier rentre dans l'armée comme combattant.

On peut enfin remarquer que le dernier alinéa de l'article 1er : « *La neutralité cesserait si ces ambulances ou hôpitaux étaient gardés par une force militaire,* » laisse place à des doutes. Il est évident que les hôpitaux ne doivent pas être occupés par des troupes pour l'offensive ou la défensive ; mais il est injuste de leur refuser l'inviolabilité, lorsqu'ils sont simplement gardés par une force militaire. Cette force sert le plus souvent à préserver ces établissements du vol et de la violence ; on peut la faire prisonnière de guerre, mais sa présence ne doit nuire en rien au caractère dont les ambulances et les hôpitaux sont revêtus. Dans cet ordre d'idées, un médecin badois, M. de C., a proposé en 1871 la rédaction suivante :

« La neutralité cesse, lorsque les lieux viennent à être occupés par les troupes, dans un but offensif ou défensif, tandis que la présence de corps de garde isolés, destinés seulement au maintien de la tranquillité et de l'ordre, ne porte pas atteinte à la neutralité. »

Art. 2. — *Le personnel des hôpitaux et ambulances comprenant l'intendance, les services de santé, d'administration, de transport de blessés, ainsi que les aumôniers, participera au bénéfice de la neutralité, lorsqu'il fonctionnera et tant qu'il restera des blessés à relever ou à secourir (1).*

Cette disposition a donné lieu dans la pratique à plus d'une critique. Lorsque les ambulances sont évacuées, que les malades sont guéris, le personnel doit pouvoir se retirer librement et rejoindre l'armée à laquelle il appartient ; supposons qu'un médecin,

---

(1) La convention fait participer les aumôniers au bénéfice de la neutralité du personnel de secours, et fait bien. La présence d'un ministre de la religion, près des blessés et des mourants, est une dernière et précieuse satisfaction pour la plupart des soldats et une arrière-pensée consolatrice pour leurs familles.

La neutralisation de l'intendance paraît moins rationnelle. Raisonnant sur notre organisation sanitaire, M. le docteur Lucas Championnière dit : « Doit-elle (l'intendance) être neutralisée, oui ou non ? On peut croire que non, puisque, avec les grandes armées, il devient d'une haute importance d'arrêter ou de détruire les convois de vivres. » Prochainement, sans doute, les nombreuses attributions de l'intendance seront allégées de la direction des services sanitaires, et l'on ne voit pas pourquoi, dans l'occurrence, l'ennemi ne retiendrait pas un administrateur pur, qui n'est qu'un des rouages de la machine de destruction. La neutralité assurée aux *comptables d'ambulance* est tout ce qu'il faut désirer (*Docteur Arnould, médecin-major de 1re classe*).

8

un infirmier, ait à se défendre contre des soldats ou des pillards, il faut pour cela qu'il soit armé; s'il fait usage de ses armes dans le cas de légitime défense, perdra-t-il par cela le caractère de personne placée sous la protection spéciale du droit international? Evidemment non, seulement l'article 2 a le tort de n'en rien dire, aussi M. Bluntschli propose de la rectifier ainsi : « Les personnes neutralisées peuvent se défendre contre toute attaque injuste, mais il leur est interdit, tant que dure leur neutralisation, de prendre part aux hostilités des armées. Si ces personnes tombent au pouvoir de l'ennemi, elles ne pourront être traitées en prisonnières de guerre; suivant les besoins du service sanitaire, elles devront continuer à être protégées dans l'exercice de leur mission, ou être congédiées aussitôt que les considérations militaires le permettent, et être conduites sous escorte suffisante aux avant-postes de l'armée à laquelle elles appartiennent (1). »

---

(1) Cet article de la convention a-t-il été observé en 1870? Dans sa circulaire du 9 janvier 1871, M. de Bismarck cite trente et un cas d'hostilités dirigées par des troupes françaises contre des médecins et des chirurgiens ou leurs aides. Par contre, M. de Chaudordy, dans une réponse du 25 janvier de la même année, avance que, dans différentes occasions, des chirurgiens français ont été tués, même au milieu des ambulances. — Dans la guerre de 1877, les Turcs paraissent n'avoir respecté ni les ambulances, ni le personnel qui en dépendait; nous ne citerons qu'un exemple. Le 22 août (3 septembre), des soldats de la cavalerie régulière turque, ayant rencontré Luca Popovitch, secrétaire du sous-comité de la Croix rouge, dans l'exercice de ses fonctions, lui coupèrent d'abord le bras qui portait le brassard blanc; puis, après avoir tué leur victime d'un coup de feu dans la poitrine, lacérèrent la croix rouge

Art. 3. — *Les personnes désignées dans l'article précédent continueront, après l'occupation par l'ennemi, à donner, dans la mesure des besoins, leurs soins aux malades et aux blessés de l'ambulance ou de l'hôpital qu'elles desservent. Elles pourront ensuite se retirer pour rejoindre l'armée à laquelle elles appartiennent. Lorsqu'elles demanderont à se retirer, le commandant des troupes occupantes fixera le moment de leur départ, qu'il ne pourra différer que pour une courte durée, en cas de nécessités militaires. Des dispositions devront être prises par les puissances belligérantes pour assurer au personnel neutralisé, tombé entre les mains de l'ennemi, la jouissance intégrale de son traitement.*

Il y a entre la rédaction actuelle de cet article, tel qu'il est sorti de la convention de 1868 et le texte primitif de 1864, des modifications importantes à signaler.

Au lieu de : Les personnes désignées dans l'article précédent *continueront*, etc. ; il y avait d'abord : Les personnes susdésignées *pourront continuer*. Ainsi le personnel de santé n'a plus seulement la *faculté* de rester sur les lieux tant qu'il y a des blessés ou malades à secourir ou à soigner, il en a l'*obligation*.

Le texte de 1864 portait simplement au sujet du rapatriement : *Lorsque ces personnes cesseront leurs fonctions, elles seront remises aux avant-postes ennemis par les soins de l'armée occupante.* La rédaction de 1868 est bien plus conforme aux nécessités militaires.

à coups de yatagan. (*Rapport de M. Georgévitch*, chef du service sanitaire, annexé à la note de M. Ristich du 6 septembre.)

Les médecins en effet peuvent, suivant les circonstances, faire des observations dont la communication à l'ennemi serait nuisible à l'armée qu'ils quittent. Éviter ce danger est donc une tâche imposée au commandant de cette armée. C'est ainsi qu'en 1870, les Prussiens renvoyaient nos médecins par la Suisse ou la Belgique, en ayant soin de les diriger sur des armées éloignées d'eux. Sous ce rapport les commandants d'armée sont libres, à la condition cependant de ne pas retarder outre mesure le retour des médecins, et de les traiter convenablement dans l'intervalle. De nombreuses plaintes ont été formulées pendant la guerre franco-allemande, au sujet des détours exagérés imposés aux médecins. M. le docteur Léon Lefort (1) estime que ces plaintes ne sont pas fondées et que les Prussiens avaient le droit d'agir ainsi, de même que le général Chanzy a eu le droit de renvoyer en Allemagne par Saint-Malo et l'Angleterre une ambulance prussienne, dirigée par le docteur Rosenthal et faite prisonnière sur la Loire. Il cite encore ce fait que deux ambulances, venant de Paris, ont cru pouvoir traverser l'armée prussienne pour arriver à Metz, l'une passant tranquillement par Pont-à-Mousson, l'autre par Étain, Mars-la-Tour et Gravelotte; leur captivité momentanée et leur renvoi par la Belgique ont été chose naturelle, car la convention, sous prétexte de neutralisation, n'a jamais

---

(1) *Le Service de santé dans les armées nouvelles*, observations et souvenirs de la dernière guerre (*Revue des Deux-Mondes*, 1ᵉʳ novembre 1871).

songé à donner à ses ambulances le droit de se pro-
mener au milieu de l'armée ennemie, et de venir
ensuite raconter à leurs compatriotes la force, la position, la nature des travaux ennemis.

La dernière disposition de l'article 3, relative à
l'intégralité du traitement, a dû être rédigée par des
médecins. Elle ne se justifie par aucun motif de droit
et elle conduit à cette conséquence absurde, qu'un
Etat pourrait être tenu de payer aux médecins ennemis une solde plus forte qu'à ses propres médecins.
M. Bluntschli propose la rédaction suivante : « Les
puissances belligérantes assureront aux personnes
neutralisées, tombées entre leurs mains, la jouissance
intégrale de leurs ressources, et leur alloueront au
besoin, dans l'intervalle, un salaire correspondant à
leur rang et à leur travail. » Cela est correct au fond ;
nous n'en dirons pas autant de la forme ; les expres-
sions de *salaire* et de *travail* sont bien faites pour
éveiller les justes susceptibilités des médecins.

Art. 4. — *Le matériel des hôpitaux militaires de-
meurera soumis aux lois de la guerre, les personnes
attachées à ces hôpitaux ne pourront en se retirant, emporter que les objets qui sont leur propriété particulière.
Dans les mêmes circonstances, au contraire, l'ambulance
conservera son matériel. La dénomination d'ambulance
s'appliquera aux hôpitaux de campagne et autres établissements temporaires qui suivent l'armée sur les
champs de bataille pour y recevoir des malades et des
blessés.*

Nous voudrions voir cet article moins absolu dans
ses dispositions relatives au matériel des hôpitaux ;

dans les cas où ce matériel (lits, instruments, bandages, charpie, etc.) ne sera pas nécessaire à l'ennemi, on devrait pouvoir l'emporter. C'est ce qu'indique la rédaction suivante, proposée par le docteur de C... : « Pour autant que le matériel des établissements militaires est indispensable pour le service permanent des combattants blessés ou malades, il reste à la disposition de l'armée occupante. Pour autant qu'il ne lui sera pas indispensable, il pourra être emporté par le personnel sanitaire de l'armée ennemie, lorsque celle-ci se retirera. Les voitures du service de santé, les chevaux et les effets privés du personnel neutre sont placés comme lui sous la protection spéciale du droit international, et pourront être enlevés librement par ce personnel à son départ. »

Art. 5. — *Les habitants du pays qui porteront secours aux blessés seront respectés et demeureront libres. Les généraux des puissances belligérantes auront pour mission de prévenir les habitants de l'appel fait à leur humanité, et de la neutralité qui en sera la conséquence. Tout blessé recueilli et soigné dans une maison y servira de sauvegarde. Pour la répartition des charges relatives au logement des troupes et aux contributions de guerre, il sera tenu compte, dans la mesure de l'équité, du zèle charitable déployé par les habitants.*

Sans aucun doute, on ne saurait trop encourager le zèle et la charité privée en temps de guerre et il est juste de les récompenser; mais il faut éviter, en même temps, de donner prise à la fraude et aux abus. C'est cette préoccupation légitime qu'indiquent les

mots : « il sera tenu compte dans la *mesure de l'équité* »,
ajoutés en 1868 à la rédaction primitive de l'article.
Il ne faut pas que le secours aux blessés puisse être
considéré comme un moyen de se soustraire aux diverses prestations, à l'exception du logement, par
exemple, qui devient inexécutable si on l'exagère. Il
ne faut pas que, comme cela est arrivé en 1870, les
villes et les villages se pavoisent par enchantement
de drapeaux à croix rouge à l'approche de l'ennemi,
et que les maisons se transforment en ambulances,
alors que parfois elles ne possèdent qu'un seul lit,
celui du propriétaire. D'ailleurs, si l'on veut que les
endroits occupés par les blessés soient respectés, il
ne faut pas les étendre outre mesure ; cette dissémi-
nation a, en outre, le grand inconvénient de rendre
la surveillance difficile, et le renvoi au corps après
guérison à peu près impossible.

Art. 6. — *Les militaires blessés ou malades seront
recueillis et soignés, à quelque nation qu'ils appartiennent.
Les commandants en chef auront la faculté de remettre
immédiatement aux avant-postes ennemis les militaires
ennemis blessés pendant le combat, lorsque les circonstances le permettront, et du consentement des deux parties.
Seront renvoyés dans leur pays ceux qui, après guérison,
seront reconnus incapables de servir. Les autres, à l'exception des officiers dont la possession importerait au sort
des armes, seront également renvoyés dans leur pays, après
guérison, ou plutôt, si faire se peut, à la condition, toutefois, de ne pas reprendre les armes pendant la durée
de la guerre. Les évacuations, avec le personnel qui les
dirige, seront couvertes par une neutralité absolue.*

Remarquons que la remise des blessés entre les mains de leurs compatriotes n'est pas immédiatement obligatoire, elle est simplement facultative ; on comprend que si un invalide reste dangereux en raison de ses capacités intellectuelles, de son talent d'organisation, il va de soi que cet invalide pourra être retenu, bien qu'il ne puisse plus porter les armes. Le paragraphe qui concerne les blessés renvoyés dans leurs foyers après guérison, sous la condition de ne plus porter les armes pendant la durée de la guerre, a été maladroitement ajouté en 1868 ; bien qu'on ne puisse nier la légitimité de cette clause, tout le monde s'accorde à dire qu'on devrait la supprimer ; quand la blessure est grave elle est le plus souvent inutile, et quand la blessure est légère elle est à peu près inexécutable, de la part du soldat surtout. Pour les officiers, cette clause leur crée une position si délicate et si pénible, que mieux vaut pour eux rester prisonniers. Voici, d'après ces idées, comment on a proposé de modifier l'article 6 : « Les militaires blessés et malades des deux armées seront recueillis et traités de la même manière dans les ambulances ou hôpitaux. Ceux qui appartiennent à l'armée ennemie devront, s'ils sont reconnus incapables de servir, et s'ils en expriment le désir, être à leur sortie de l'ambulance renvoyés dans leur patrie. Les autres individus appartenant à l'armée ennemie seront, s'ils sont guéris lorsqu'ils quittent l'ambulance, traités de la même manière que leurs autres camarades prisonniers. »

Art. 7. — *Un drapeau distinctif et uniforme sera*

adopté pour les hôpitaux, les ambulances et les évacua-
tions. Il devra être, en toute circonstance, accompagné du
drapeau national. Un brassard sera également admis
pour le personnel neutralisé ; mais la délivrance en sera
laissée à l'autorité militaire. Le drapeau et le brassard
porteront croix rouge sur fond blanc.

La disposition d'après laquelle, *en toute circonstance,*
le drapeau national doit accompagner le drapeau de
la convention de Genève est, dit M. Bluntschli, de
nature à amener des méprises. Il peut se faire que le
drapeau ennemi soit visible de loin et le drapeau du
service de santé à peine apparent. L'un provoque
l'attaque, l'autre a pour mission de l'empêcher ; par
suite leur juxtaposition est peu pratique. Conclusion :
le drapeau neutre doit avoir le premier rang et, en
tous cas, être le plus apparent.

Les Turcs, après une vive résistance, s'étaient dé-
cidés à accepter la croix rouge de Genève comme
insigne de neutralité ; ils ont dû y renoncer dans
leur guerre avec la Russie. Il paraît qu'au mois de
juin 1877, trouvant (ce qui aurait dû être prévu depuis longtemps) que la croix rouge appliquée par la
convention à la protection des hôpitaux et des chirurgiens, pouvait être prise par erreur par les troupes musulmanes pour un emblème hostile, ils la
remplacèrent par un croissant rouge, ordonnant en
même temps de respecter également la croix rouge (1).

----

(1) *Les débats diplomatiques récents dans leurs rapports avec le
système du droit international,* par T.-E. Holland, professeur à
l'université d'Oxford (Conférence faite le 18 mai 1878).

Il serait certainement désirable qu'on substituât à l'avenir à la croix et au croissant une étoile rouge ou tout autre signe se rattachant moins à la religion et à la nationalité (1).

L'abus du brassard a été signalé en 1870; en France il n'y en avait pas ou presque pas au début de la campagne, quelque temps après il y en avait trop. Un contrôle sévère est indispensable en cette matière, autrement on s'expose à délivrer cet insigne à des gens qui en feront mauvais usage. On avait été tellement large à Metz dans la remise des brassards à ceux qui se présentaient comme infirmiers volontaires, que M. Lefort a pu dire : « Quant aux infirmiers volontaires, nous préférons ne pas en parler, on ne peut imaginer un plus énervant contraste avec les frères de la doctrine chrétienne si admirables pendant le siège de Paris. Sauf quelques honnêtes exceptions, on ne pouvait trouver une plus belle collection de paresseux et d'ivrognes. Plusieurs pratiquaient le vol en gens expérimentés, et un certain nombre n'étaient que des pirates de champ de batailles, dépouillant plus volontiers les morts qu'ils ne soignaient les vivants. » Pour remédier à ces abus,

____

(1) Ni le drapeau, ni le brassard ne se voient de nuit; or c'est précisément à ce moment que les batailles finissent ou sont suspendues et que la pleine activité des ambulances a besoin d'entrer en jeu. M. Lefort demande avec raison, et ceci est tout à fait pratique, que la convention adopte un signal de nuit. Une lanterne à croix rouge sur les verres, portée au bout d'une perche assez longue, lui semble devoir remplir suffisamment le but si important d'indiquer, pendant la nuit, la neutralité du personnel de secours.

le projet présenté à la conférence de Bruxelles demandait, outre le brassard timbré, un certificat d'identité accompagné du portrait photographié du titulaire et un titre, délivré par l'autorité compétente, constatant le droit concédé (1).

Art. 8. — *Les détails d'exécution sont réglés par les commandants en chef des armées belligérantes, d'après les instructions de leurs gouvernements respectifs, et conformément aux principes généraux énoncés dans la présente convention.*

Cet article bien compris et bien appliqué permettra d'empêcher une foule d'abus. Il donne en effet aux généraux tout pouvoir pour régler les détails d'exécution, sous la seule condition de respecter les principes généraux de la convention. D'où il résulte que les généraux en chef et, *à fortiori*, le gouvernement ont qualité pour prendre toute mesure propre à sauvegarder les intérêts de l'armée, à empêcher les abus, à interdire aux non-belligérants l'accès du champ de bataille, et à fixer les conditions auxquelles les habitants charitables devront être exonérés de tout ou partie des charges de la guerre. Il y a là une faculté considérable, et c'est en grande partie, pour

(1) Parmi les violations de l'art. 7 en 1870, nous relevons dans la note française déjà citée que le ministre français se plaint : « de ce que les insignes de la société internationale de secours aux blessés aient couvert notamment à Joinville, à Saint-Dizier, à Vassy, la plus grande partie de l'attirail de guerre de l'armée prussienne, des approvisionnements et jusqu'à des caissons. Des officiers, disait-on, escortant le trésor de l'armée, ont été vus portant le brassard de la société. »

ne l'avoir pas suffisamment connue que, dans la dernière guerre, beaucoup de choses ont été supportées qui n'auraient pas dû l'être.

Telle est dans son ensemble cette célèbre convention de Genève qui, par le but élevé qu'elle poursuit, par les services éclatants qu'elle a déjà rendus et qu'elle est appelée à rendre encore dans l'avenir, est sans contredit une des institutions les plus respectables qu'ait inspirées l'amour de l'humanité. Comme toute œuvre humaine elle a des imperfections, nous les avons signalées en partie, il nous reste, pour compléter notre étude, à indiquer comment on a cherché à y remédier,

Demandons-nous d'abord si, comme on l'a prétendu, ces imperfections résultent de la nature même de la convention, s'il est vrai que les hommes bienfaisants qui l'ont rédigée se sont surtout préoccupés de l'objet idéal qu'ils poursuivaient et des considérations d'humanité qui les avaient réunis, sans tenir suffisamment compte des nécessités de la guerre et des faiblesses humaines ?

Sans repousser entièrement cette opinion, nous inclinons à penser qu'il faut bien moins s'en prendre aux principes eux-mêmes qu'à leur application. Mal étudiées, mal comprises ou détournées sciemment de leur sens véritable, les meilleures règles peuvent devenir mauvaises ; et c'est justement ce qui est arrivé pour la convention de Genève.

On peut faire remonter à trois sources principales toutes les accusations formulées :

1º Ignorance ou connaissance imparfaite des dispositions de la convention ;

2º Défaut de sanction en cas d'infraction ou d'abus ;

3º Manque d'organisation, de direction et de contrôle, et par suite action rarement utile et souvent nuisible des sociétés volontaires de secours aux blessés.

Nous allons étudier successivement ces trois points, en indiquant pour chacun d'eux les améliorations cherchées ou déjà réalisées.

1º *Ignorance ou connaissance imparfaite des dispositions de la convention.* — C'est surtout à la France que ce reproche a été adressé par les Allemands en 1870.

Dans une lettre du 30 août, M. Bluntschli écrivait : « Il est constant que l'armée française n'a pas la moindre notion de la convention de Genève. Les officiers français que nous comptons parmi nos prisonniers et blessés l'ont déclaré eux-mêmes ; en général d'ailleurs dans l'armée professionnelle (*Berufsheer*) française, on semble fort arriéré sous le rapport du droit des gens » (1). Et ce qui est le plus grave, cette accusation se trouve répétée dans le *Traité de droit international* du même auteur, page 329 :

« Avant tout, il y a lieu de constater combien le traité (la convention) était peu connu dans l'armée française, et combien il est indispensable de faire porter sur les principes du droit international l'instruction militaire des officiers et soldats. »

____

(1) *Lettre à M. Rollin-Jacquemyns* (Revue internationale, 1870).

Ce reproche, nos compatriotes eux-mêmes nous l'ont fait. « Malheureusement, dit-le docteur Lefort, directeur d'une ambulance volontaire à Metz, la convention de Genève était à peine connue de l'intendance militaire française, et, au début de la campagne, rien n'était préparé pour la mettre en pratique. Quand nous arrivâmes à Metz, aucun médecin militaire français, aucun infirmier ne portait de brassard, aucune voiture d'ambulance n'avait le signe distinctif de la neutralité. »

La meilleure manière de répondre à ces critiques est de ne plus y donner prise à l'avenir ; dans ce but le ministre de la guerre a fait publier un manuel de Droit international à l'usage des officiers de l'armée de terre et, chaque année, les règles qu'il contient sont expliquées et développées dans des conférences. Cette mesure est excellente et nous espérons qu'on ne s'en tiendra pas là. Il faut que cet enseignement, si utile en temps de guerre, soit sérieusement préparé en temps de paix, que partout, dans les écoles militaires d'officiers et de sous-officiers comme dans les régiments les notions essentielles des lois de la guerre soient étudiées et connues. Les cadres, à leur tour, pourront aux théories faites dans les chambres apprendre aux hommes ce qu'ils en doivent connaître. Enfin, comme complément, on devra lors de l'entrée en campagne, à l'exemple de la Russie en 1877, publier et distribuer aux troupes un petit memento qui puisse servir de guide en cette matière (1).

____

(1) Le 1-13 juin 1877, la Russie publia pour l'usage de ses

2° Défaut de sanction en cas d'infraction ou d'abus. — Les rédacteurs de la convention de Genève s'étaient flattés qu'à défaut d'une sanction internationale, difficile à édicter, le but élevé de leur œuvre suffirait à en assurer la réussite.

---

armées une sorte de catéchisme dans lequel les principes de la conférence de Bruxelles étaient développés sous une forme populaire; et ensuite le 10-22 juillet, un règlement très humain sur la manière de traiter les prisonniers de guerre.

« Il est indispensable, dit le docteur Arnould, que tous les soldats sachent qu'il existe une convention de Genève, à quoi elle les oblige et ce qu'ils doivent en attendre. En négligeant ce qui n'intéresse que les généraux, il faudrait leur mettre les clauses essentielles du traité sous une forme succincte qui serait lue à l'ordre deux fois par semaine, dès l'entrée en campagne, ou même avant, et pourrait être annexée au livret.

« Je proposerais la rédaction suivante : — En vertu de la convention de Genève :

« 1° Les malades et les blessés de l'ennemi sont sacrés pour nous, nous les soignerons et les rendrons autant que possible ; nos malades et nos blessés seront sacrés aussi pour l'ennemi, il les soignera et nous les rendra de même.

« 2° Les médecins, les aumôniers, les infirmiers, les brancardiers, les soldats du train de santé sont *neutres*, quand et parce qu'ils soignent les blessés, c'est-à-dire qu'ils ne peuvent être frappés ni faits prisonniers. On les reconnaît, de jour, au brassard blanc à croix rouge qu'ils portent au bras gauche, la nuit, par une lanterne à croix rouge.

« 3° Les hopitaux et les ambulances des deux partis sont également neutres, c'est-à-dire que la force armée ne doit ni les attaquer, ni les défendre, ni s'y abriter. On les reconnaît au drapeau blanc à croix rouge, accompagné du drapeau national, qui ne doit être arboré que quand il y a des blessés dans un local.

« 4° Dans un combat, on n'a pas à s'inquiéter du personnel de santé ou des ambulances qui se trouveraient dans la direction du tir ou de la marche de bataille.

« 5° Tout militaire convaincu d'avoir enfreint l'une ou l'autre de ces prescriptions ou d'avoir pris indûment les insignes de la neutralité sanitaire sera traduit devant un conseil de guerre. »

Frappés des abus signalés dans les dernières guerres et de la nécessité d'y remédier, ils ont cherché les moyens d'arriver à une sanction judiciaire et pénale, Dans la séance du comité international du 3 janvier 1872, M. Moynier a donné communication du projet suivant :

« En cas de guerre, il serait créé un tribunal arbitral de cinq membres, dont deux nommés par les puissances belligérantes, et les trois autres par trois puissances neutres qui seraient désignées par voie de tirage au sort. Le président de la Confédération suisse, puissance neutre entre toutes, serait chargé de cette première opération.

« Le tribunal aurait pour mission d'examiner toutes les plaintes qui lui seraient transmises par les gouvernements intéressés.

« Il formulerait son opinion pour chaque cas particulier par un verdict de culpabilité ou de non-culpabilité, et prononcerait la peine encourue, conformément aux articles d'une loi pénale internationale à édicter à l'aide d'un traité complémentaire à la convention de Genève.

« Les jugements du tribunal seraient notifiés par lui aux gouvernements intéressés, qui seraient chargés d'exécuter les peines édictées contre leurs ressortissants.

« Il pourrait statuer également sur les demandes en dommages-intérêts » (1).

On ne saurait qu'applaudir à ces intentions géné-

---

(1) *Journal de Genève*, 21 février 1872.

reuses, mais tout en leur souhaitant réussite nous sommes forcé de dire qu'elles ne résolvent pas la difficulté principale, celle de la sanction des arrêts du tribunal ; en définitive il faudra pour cela la bonne volonté des gouvernements intéressés, et il pourra fort bien arriver qu'elle fasse défaut.

A défaut de pénalité internationale, M. l'intendant Delaperrierre propose qu'une déclaration expresse de flétrissure soit édictée contre ceux qui commettent les abus, et que chaque gouvernement introduise dans son Code pénal militaire des dispositions sévères contre ceux qui violent la convention ou abusent des privilèges de la neutralité. De la sorte la convention serait sous la sauvegarde réelle de la loi et de l'honneur militaire.

3° *Manque d'organisation, de direction et de contrôle, et par suite action rarement utile, et souvent nuisible, des sociétés volontaires de secours aux blessés.* — Les sentiments d'humanité qui, à l'appel des délégués de Genève, avaient porté les gouvernements à s'entendre pour améliorer le sort des blessés, amenèrent en même temps la création des sociétés volontaires de secours.

Si ces sociétés s'étaient bornées à réunir des ressources de toutes espèces, à acheter avec les offrandes pécuniaires les objets les plus utiles et à les expédier sur le théâtre de la guerre, elles auraient aidé suffisamment le service sanitaire régulier. Mais, tel ne fut pas malheureusement le but qu'elles se proposèrent ; elles ont voulu avoir leur matériel, leur personnel, leurs ambulances, leurs hôpitaux, venir directement

en aide aux blessés et agir isolément et parallèlement
au service de santé.

De là des conflits, des embarras, des dangers et des
abus.

Des *conflits*, car il existe souvent entre les divers
groupes de volontaires, des rivalités, des jalousies, et
les médecins militaires et les médecins libres ne
soutiennent pas toujours entre eux des relations suffisamment courtoises.

Des *embarras*, car les ambulanciers volontaires,
entraînés par un zèle irréfléchi, veulent, pendant le
combat, aller sur le champ de bataille, relever les
blessés, au risque de gêner les manœuvres et de faire
tuer d'autres personnes que les combattants. Le docteur Bonnafous dit à ce sujet : « Dans les armées de
terre, comme sur mer, il est expressément défendu
de se glisser entre les deux belligérants pour ramasser les blessés pendant l'action. Les deux armées sont
sujettes à avancer ou à reculer ; il faut nécessairement
que les blessés qui jonchent le champ de bataille,
restent là jusqu'à la fin du combat pour recevoir des
secours. » Ces secours, d'ailleurs, les médecins militaires sont là pour y pourvoir en première ligne, et
dans une armée régulièrement organisée, il n'y a
guère place, sur le théâtre même de la lutte, pour des
ambulances volontaires ou des médecins civils (1).

Des *dangers*, car si tous les médecins ne sont pas

____

(1) M. le docteur Le Fort avoue lui-même qu'à Metz, à part
quelques exceptions, l'ambulance volontaire n'avait rien à faire
sur le champ de bataille.

aptes à soigner convenablement un soldat blessé par
une arme à feu, comment veut-on que de simples
étudiants ou des femmes soient capables de le faire?

Des *abus*, car, par suite du manque de contrôle et
de surveillance, les sociétés volontaires ont servi de
refuge à des gens n'ayant aucune des connaissances
ou des qualités spéciales requises pour le service des
blessés, venus là simplement pour se soustraire au
service militaire, ou même souvent dans un but moins
avouable. C'est ainsi que parfois les insignes de la
Convention ont servi à couvrir la lâcheté, le vol ou
l'espionnage. On le voit, dans la pratique, les bonnes
intentions ne suffisent pas, et la charité et le dévoûment ont besoin, pour porter tous leurs fruits, d'être
réglementés et disciplinés.

Pour toutes ces causes, le rôle des sociétés volontaires en 1870 a été de beaucoup inférieur, comme
résultats, à ce qu'on était en droit d'attendre ; nous
n'en voulons pour preuve que le jugement sévère qu'on
va lire et qui est porté par le directeur d'une ambulance volontaire : « La guerre de 1870 a montré
surabondamment que la société internationale a le
tort de détourner de la chirurgie militaire, pour les
employer elle-même, des médecins civils prêts à entrer temporairement dans les rangs de l'armée pour
se dévouer au salut de nos blessés, de stériliser en
partie les efforts individuels qui, sous la direction
immédiate des médecins militaires, eussent été bien
autrement utilisés. En gardant pour les personnes le
respect que méritent les intentions pures, dirons-nous
que cette ivresse de dévoûment qui a couvert la

France de petites ambulances particulières, et convertitant de personnes, non pas seulement en sœurs hospitalières et en infirmières, ce qui eût peut-être été bien malgré leur inexpérience, mais en médecins improvisés, ce qui à coup sûr fut un mal, n'a pas contribué à augmenter la mortalité de nos blessés, à détruire ce qui restait de discipline, à soustraire des rangs de l'armée bien des soldats propres au service? Soit; mais disons en terminant avec M. le docteur Lucas Championnière, chirurgien de la cinquième ambulance : Nous croyons que les ambulances civiles du champ de bataille ont joué leur rôle, et que ce *rôle est terminé.* »

Afin d'éviter le retour des abus signalés en 1870, le ministère de la guerre et la section française de la société internationale de secours aux blessés ont rédigé, d'un commun accord, une convention qui a été transformée le 2 mars 1878 en règlement d'administration publique. En voici les principales dispositions :

La société française de secours aux blessés est autorisée en temps de guerre :

A créer *sur les derrières des armées,* dans les régions qui lui sont désignées par le ministre ou par les généraux en chef des établissements hospitaliers;

A prêter son concours au service hospitalier pour a partie du service de l'arrière qui s'applique aux évacuations et au service des gares. *Ce concours ne peut être étendu aux ambulances actives des armées qu'en cas d'insuffisance de moyens militaires et sur autorisation du ministre ou des généraux en chef;*

Tout le personnel de la société doit être français ou naturalisé, et *dégagé des obligations du service militaire ;*

Aux armées, tout ce personnel est soumis aux lois et règlements militaires ; il est justiciable des conseils de guerre ;

L'autorité militaire détermine les catégories de malades et blessés qui peuvent être reçus dans les établissements desservis par la société. Ces établissements sont placés, au point de vue du *contrôle* et de la *discipline*, sous la surveillance de l'autorité militaire qui a toujours le droit d'y entrer ;

Le personnel de la société est autorisé à porter le brassard. Ces brassards sont *exclusivement* délivrés par l'intendant régional, numérotés et revêtus de son cachet. En outre, tout porteur de brassard doit être muni d'une carte personnelle, portant les mêmes numéros que le brassard et signée du délégué régional de la société et de l'intendant ;

Enfin, les sociétés de secours, autres que la section française, qui veulent concourir à l'œuvre du soulagement des blessés, ne peuvent être admises à fonctionner que sur une autorisation formelle du ministre de la guerre et avec la réserve :

1° De se placer sous la direction de la Société française ;

2° De se conformer au règlement ci-dessus ;

3° De n'opérer que dans la région que leur assigne le ministre.

Dans ces limites, et grâce à cette sage réglementation imitée de celles de l'Allemagne (1), les associations de secours sont appelées à rendre à l'armée les plus utiles services (2).

Des morts. — On doit à ceux qui tombent mortellement frappés sur le champ de bataille, trois choses :

1° Assurer le respect de leurs cadavres ;

2° Reconstituer autant que possible leur identité ;

3° Enfin, leur donner la sépulture.

Le protocole de 1868 disait à ce sujet : « Il est du devoir des gouvernements d'assurer l'exécution des mesures relatives à la protection des morts contre le pillage et les outrages. Les gouvernements devront veiller à ce que les inhumations se fassent conformément aux prescriptions sanitaires et à ce que l'identité des morts soit constatée autant que possible. »

(1) En Allemagne, le rôle des sociétés de secours consiste : 1° à réunir, expédier et répartir les offrandes nationales entre les lazarets de guerre ; 2° à instruire des réserves d'infirmiers et d'infirmières pour le service des lazarets de guerre ; 3° à constituer le personnel d'escorte pour les évacuations ; 4° à concourir au service de l'intérieur, soit en créant des hôpitaux, soit en servant dans ceux de l'État ; 5° enfin à organiser des bureaux de renseignements sur le sort des malades et blessés. Tout ce personnel subordonné à l'autorité militaire est placé sous la direction du chevalier de Malte et de Saint-Jean-de-Jérusalem ; il opère toujours en deuxième ligne.

(2) D'après les dispositions d'un nouveau règlement sur le service hospitalier actuellement à l'étude, la Société française de secours aux blessés serait chargée spécialement des évacuations par chemin de fer, des ambulances des gares et du service des hôpitaux de l'arrière, temporaires ou sédentaires.

Le respect des morts est de règle absolue chez les nations civilisées ; le Code militaire français a édicté dans son article 249 des pénalités sévères contre les *militaires* qui dépouilleraient un blessé, avec aggravation de peine s'ils lui faisaient une nouvelle blessure dans ce but. Il serait à désirer que la loi pénale militaire ou ordinaire émît des dispositions prévoyantes vis-à-vis de toutes personnes et proportionnât la rigueur des peines encourues à la gravité de tels crimes.

Dans l'intérêt des familles et pour la régularité des actes de l'état civil, les belligérants doivent se communiquer les listes des morts tombés en leur pouvoir ; il ne faut donc jamais, même sur le champ de bataille, procéder à l'inhumation d'un ennemi décédé sans conserver son livret ou sans recueillir, à défaut, le numéro de son régiment, de sa compagnie, son matricule et tous autres indices dont l'ensemble permettra d'établir ce qu'on appelle les *cartes d'identité*. Ces indications sont communiquées le plus promptement possible à l'ennemi, à qui l'on remet en même temps les objets trouvés sur le défunt et qui étaient sa propriété particulière.

Relativement aux inhumations, nous n'avons guère à citer d'autres règles internationales que la suivante formulée par de Martens : « Il est contraire aux lois de la guerre de priver les morts de sépulture. C'est à celui qui est maître du champ de bataille à prendre soin des blessés et des morts. Quand la question de savoir à qui appartient le champ de bataille est indécise, on en vient quelquefois à des armistices d'un ou deux jours, pendant lesquels chacun peut retirer les siens (1). »

Il y a là un devoir sacré envers l'individu et envers l'humanité tout entière ; une nation s'honore en le remplissant et surtout en réunissant dans ce dernier hommage toutes les victimes du combat sans autre distinction de partis (2).

CHAPITRE IV.

DES PRISONNIERS DE GUERRE.

La guerre étant dirigée exclusivement contre les forces organisées de l'ennemi, il en résulte que, quand les hommes qui composent ces forces cessent de combattre ou ne sont plus en mesure de continuer la lutte, l'objet de la guerre est atteint en ce qui les concerne ; il suffit de les mettre hors d'état de reprendre les armes ; ils sont, en conséquence, faits prisonniers de guerre.

La perte de la liberté sur le champ de bataille est

---

(1) Cette coutume est très ancienne ; nous voyons dans l'histoire romaine qu'après le combat, une sorte de trève tacite s'établissait entre les deux camps pour la sépulture des morts : on voit César, remplissant religieusement ce devoir, suspendre, à cet effet, la poursuite des Helvétiens qu'il venait de battre à Bibracte, et qu'il avait cependant un puissant intérêt à atteindre dans leur fuite. (J. César, *De bello gallico*, I, 26 ; Tite-Live, XXIII, 46).

(2) Donner la sépulture aux morts est « une loi de nature, la loi commune et la coutume des hommes, le pacte du monde et l'espérance commune. » (*Grotius*, liv. II, chap. IX).

un accident fréquent et, pour ainsi dire, un résultat nécessaire de la guerre ; il en résulte, pour ceux qu'elle atteint, une situation spéciale importante à étudier au point de vue du droit des gens, car elle crée à la fois des droits et des devoirs.

Quels sont les prisonniers de guerre? Comment doit-on les traiter? Quels sont leurs devoirs? Comment recouvrent-ils la liberté? — Telles sont les principales questions à résoudre en cette matière ; mais, auparavant, il convient, comme nous l'avons fait pour les blessés, de jeter un rapide coup d'œil en arrière afin de constater les progrès immenses amenés par la marche des siècles et les progrès de la civilisation. Cette excursion dans le passé sera, d'ailleurs, aussi consolante qu'elle peut être instructive.

1° *Historique.* — L'antiquité ne connut guère le respect de l'ennemi vaincu, et le cri des Gaulois maîtres de Rome : *Væ victis !* semble avoir été la maxime commune aux conquérants de ces époques barbares.

Si nous interrogeons, en effet, l'histoire des nations les plus civilisées d'alors, nous voyons chez les Égyptiens l'idée d'un suprême droit de vie et de mort sur la personne des vaincus. Sésostris faisait traîner son char triomphal par les rois prisonniers ; quant aux autres captifs ils étaient offerts en hécatombes aux divinités du vainqueur et, le bûcher éteint, leurs cendres étaient jetées au vent (1).

____

(1) *Plutarque*, Isid. et Osirid., chap. LXXIII.

Les Perses, les Carthaginois ne furent guère moins
barbares.

La Grèce elle-même, dont un poète national écrivait : « Selon les lois de notre pays la mort du prisonnier est une honte pour celui qui la donne (1). »
nous offre de trop fréquents exemples de prisonniers faits esclaves ou égorgés sans défense, d'enfants
et de femmes réduits en servitude, de populations
expulsées de leurs pénates, de villes détruites jusque
dans leurs fondements (2). Pour ne citer qu'un
exemple, dans la guerre du Péloponèse, après la prise
par Lysander de la flotte athénienne à Ægos-Potamos,
le vainqueur fit massacrer de sang-froid quatre mille
prisonniers athéniens (3).

Si des Grecs nous passons aux Romains, nous
voyons qu'ils conservèrent longtemps les instincts de
férocité de la louve, que la tradition donne comme
nourrice à leurs premiers chefs. Quelques exemples
entre mille :

Tite-Live rapporte qu'à la prise d'un camp samnite
près de Lucérie, les Romains tuèrent indistinctement
les ennemis qui résistaient et ceux qui fuyaient,
armés ou désarmés, les esclaves, les personnes libres,
l'enfance, la jeunesse, les hommes, les bêtes... Nul

---

(1) *Héraclides.*
(2) *Hérodote*, VI, 80. — *Thucydide*, passim, liv. I, II, III, IV, V.
— *Xénophon*, Hell., V, ch. 4; VII, ch. 1er. — *Diodore de Sicile*,
Bibl. hist., XII, 7, 72, 80.
(3) *Plutarque*, Vie de Lysander.

homme vivant n'eût échappé, si les consuls n'eussent fait sonner la retraite (1).

L'assaut de Carthagène par l'armée de P. C. Scipion fut suivi d'un massacre terrible. « Cette extermination, dit Polybe, est habituelle aux Romains, sans doute pour inspirer la terreur. Aussi dans les villes dont ils se rendent maîtres, voit-on souvent, non seulement les hommes égorgés, mais encore les chiens coupés en deux et les membres épars d'autres animaux (2). » Que dire des batailles où la défaite de l'ennemi était toujours suivie d'une affreuse boucherie ? Dans le seul combat contre les Nerviens, près de la Sambre, sur 600 sénateurs gaulois qui y prirent part, trois survécurent; de 60,000 combattants 500 à peine échappèrent (3).

« La paix règne, dit Tacite, où les Romains ont fait un désert (4). »

Le même historien prête à Germanicus ces paroles au sujet des Germains : « *Nil opus captivis, solam internecionem gentis finem bello fore (5).* »

Aussi Montesquieu, en parlant des conséquences de la conquête, a-t-il pu dire avec raison, *que l'extermination de tous les citoyens était conforme au droit des gens des Romains (6).*

Ils changèrent cependant de méthode, non par

(1) *Tite-Live*, IX, 14 ; X, 15.
(2) *Polybe*, X, 15.
(3) *Jules César*, Bell. Gall., 11, 25 et suiv.
(4) *Tacite*, Vie d'Agricola, § 30.
(5) *Id.*, Annales, II, 21.
(6) *Montesquieu*, Esprit des lois, X, ch. 3.

générosité, mais par intérêt politique; aux massacres succéda un système de conservation intéressé; on laissa la vie aux vaincus, on les réputa *servati* et ils devinrent esclaves du vainqueur, *servi*. Puis, par degrés successifs, comme on ne pouvait réduire en esclavage tous les étrangers soumis, on leur accorda certains droits, aux uns les droits civils seulement, aux autres les droits civils et politiques : mais ces concessions calculées n'avaient pour but que de les rattacher à l'empire conquérant.

Au moyen âge et sous l'influence des idées chrétiennes, nous avons à constater un nouveau progrès; l'esclavage subsiste bien encore, mais il tend à disparaître et à faire place à une captivité temporaire pouvant finir par le rachat de la liberté perdue.

Puis vinrent les enseignements des publicistes; Grotius le premier essaya, en s'inspirant des sentiments d'humanité, de restreindre les droits du vainqueur sur la personne du vaincu. Cependant, comme il écrivait à une époque où la véritable idée de la guerre n'était pas encore déterminée, tout en conseillant la générosité et le pardon, il n'osa condamner tout à fait l'esclavage.

Après lui, Vattel reprit et élargit la question : « Dès que votre ennemi est désarmé et rendu, dit-il, vous n'avez plus aucun droit sur sa vie, à moins qu'il ne vous le donne par quelqu'attentat nouveau, ou qu'il ne se fût auparavant rendu coupable d'un crime digne de mort. En toute occasion où je ne puis innocemment ôter la vie à mon prisonnier, je ne suis pas en droit d'en faire un esclave. »

Plus loin il ajoute : « On est en droit de s'assurer de ses prisonniers et pour cela de les enfermer et de les lier même, s'il y a lieu de craindre qu'ils ne se révoltent ou ne s'enfuient ; mais rien n'autorise à les traiter durement, à moins qu'ils ne se soient rendus personnellement coupables envers celui qui les tient en sa puissance. En ce cas, il est maître de les punir. Hors de là il doit se souvenir qu'ils sont hommes et malheureux. Un grand cœur ne se sent plus que de la compassion pour un ennemi vaincu et désarmé (1). »

Arrêtons-nous sur ces maximes consolantes ; aussi bien nous voici arrivé presque entièrement aux doctrines modernes qu'il nous reste à exposer. Parti du massacre et de l'entier mépris de la vie des prisonniers, nous sommes parvenu, en passant par l'esclavage et la rançon, à la simple captivité, c'est-à-dire à la privation temporaire de la liberté.

II. *Qui peut être fait prisonnier de guerre.* — En principe, tous les ennemis peuvent-être faits prisonniers de guerre ; et par ennemis nous entendons ici, d'une façon générale, ceux auxquels peuvent s'appliquer, d'après les règles établies ci-dessus le titre de belligérant.

Ainsi les soldats de l'armée active, de la réserve, de la territoriale, les francs-tireurs, la garde nationale organisée, la population entière qui se lève pour la défense du territoire, seront traités en ennemis et

----

(1) *Vattel*, liv. III, chap. VIII.

pourront être faits prisonniers. Toutes ces personnes, en effet, prenant une part active à la lutte, augmentent les forces de l'ennemi.

En revanche, on ne peut s'emparer des personnes étrangères aux opérations militaires. « Toute atteinte inutile et arbitraire à la liberté individuelle, dit M. Bluntschli (règle 594), tout acte de servilisme, imposé sans motif à la population, constitue une violation des droits naturels de l'homme et du droit international des nations civilisées. »

Ces règles générales posées, parcourons quelques espèces :

Au premier rang des combattants peut se trouver le chef de l'Etat ennemi ; l'usage moderne veut qu'il puisse être fait prisonnier de guerre ; mais il doit être traité avec les égards et les honneurs dus à la dignité souveraine.

Ainsi, après que l'empereur Napoléon III se fut rendu au roi de Prusse, lors de la capitulation de Sedan, il fut retenu prisonnier de guerre au château de Wilhemshohe, et sa captivité fut entourée de respect et affranchie de toute mesure vexatoire.

A la suite des armées en campagnes il y a : des médecins et des pharmaciens, des aumôniers, des fonctionnaires de l'intendance et employés de l'administration, des fournisseurs, des vivandières et cantiniers, des reporters de journaux :

Quel sera leur sort?

Pour le personnel du service sanitaire, nous savons déjà qu'il se trouve couvert par la convention de Genève, et qu'il ne peut être fait prisonnier de guerre, hors le cas où il prendrait une part active aux hostilités.

Les aumôniers, sous la même réserve, sont également couverts par leurs fonctions religieuses. Ils devront donc être remis en liberté en cas de capture, excepté dans l'hypothèse où ils demanderaient, de leur propre mouvement, à partager la captivité des troupes auxquelles ils sont attachés.

Quant aux autres personnes citées plus haut, c'est à dire les fonctionnaires de l'intendance, de l'administration, les fournisseurs, vivandières, cantiniers et les reporters, rien n'empêche qu'ils soient faits prisonniers de guerre, bien qu'ils ne prennent pas part directement à la lutte. La capture des premiers désorganise et par suite affaiblit l'armée ennemie; quant aux journalistes, ils peuvent, en raison de leurs opinions hostiles, constituer un danger que l'on a intérêt à faire disparaître; ils pourront donc être retenus aussi longtemps que les nécessités militaires l'exigeront.

Si, poursuivant cette revue, nous passons à la population non combattante, nous trouvons quelques catégories de personnes qui, suivant les errements encore accrédités, peuvent être capturées par l'ennemi. Ainsi, les messagers porteurs de dépêches, accomplissant ouvertement leur mission; les aéronautes chargés d'observer l'ennemi ou d'entretenir les communications entre les diverses parties de l'armée ou du territoire.

M. Bluntschli range dans cette catégorie les personnes revêtues d'un caractère diplomatique appartenant à la nation ennemie, les chefs politiques, les préfets, — et même dans certains cas les juges, maires, conseillers municipaux et instituteurs. — Tout en admettant, dans une certaine mesure, que des raisons de sécurité puissent amener et motiver suffisamment la capture des chefs politiques, des préfets et même des autres agents inférieurs de l'ordre administratif, nous croyons qu'en principe il n'y a aucune raison valable qui puisse permettre de toucher aux fonctionnaires qui rendent la justice.

L'intérêt général veut qu'ils soient libres, indépendants, et la présence de l'ennemi ne doit pas entraver leur mission (1). Nous aurons du reste l'occasion de revenir sur cette question importante en traitant de l'occupation et de ses effets.

III. *Traitement des prisonniers de guerre.* — L'ordonnance du 3 mai 1832 sur le service des armées en campagne s'exprime en ces termes dans son article 135 : « Les officiers doivent rappeler aux soldats que la générosité honore le courage. En conséquence, les prisonniers de guerre ne seront jamais dépouillés; chacun d'eux est traité avec les égards dus à son rang. »

Cette recommandation si sage et si humaine doit être faite avant le combat, afin que nul ne l'oublie dans l'ardeur de la lutte ou la fièvre de la vengeance.

---

(1) Pendant la guerre de 1870, plusieurs magistrats ont été emmenés arbitrairement dans les prisons de l'Allemagne, notamment M. Voisin, procureur à Melun, depuis député et préfet de police.

Il ne doit pas y avoir de représailles contre les ennemis capturés; en se battant, ils n'ont fait que leur devoir, et on ne saurait s'autoriser du mal qu'ils ont pu causer, eux ou les leurs, pour les tuer ou même les maltraiter.

Au siècle dernier on admettait encore la mise à mort des prisonniers quand le salut de l'armée l'exigeait; Vattel excepte cependant le cas où on leur aurait promis la vie sauve. En 1794, la Convention nationale, pressée de tous côtés par l'ennemi, décréta, à titre général, la mise à mort de tous les prisonniers anglais, hanovriens et espagnols; cette menace ne fut pas suivie d'effet et même quelque temps après le décret fut rapporté. En revanche, la guerre de la Vendée fut déshonorée par des exécutions barbares. Cette théorie est aujourd'hui universellement condamnée. « L'ennemi désarmé, vaincu, dit M. Calvo, nous devient sacré comme homme. Eriger en doctrine qu'on puisse attenter à sa vie pour ménager la sienne, s'évertuer à chercher des arguments pour justifier un pareil crime de lèse-humanité, c'est faire rétrograder le monde en arrière, c'est ressusciter des pratiques dignes des tribus sauvages du centre de l'Afrique ou des îles de l'Océanie. »

Ce respect du prisonnier, exigé même sur le champ de bataille, devra se continuer à tous les instants de la captivité, s'il ne donne de son côté aucun sujet de plainte.

Pour préciser les règles actuelles du droit des gens quant aux prisonniers de guerre, nous n'avons qu'à consulter le Règlement américain, les Règles de

Bluntschli et le Manuel français de droit international; en les coordonnant, on arrive à formuler les propositions suivantes :

Les prisonniers sont remis à la disposition de l'autorité supérieure; c'est au gouvernement seul qu'il appartient de disposer définitivement de leur sort.

Un prisonnier de guerre n'est passible d'aucune peine en tant qu'ennemi public ; aucune souffrance, aucun déshonneur ne peuvent lui être volontairement infligés. Agir autrement constituerait une violation du droit, car toute violence injuste contre autrui est contraire au droit.

En cas d'insubordination les prisonniers s'exposent à toutes les rigueurs propres à forcer leur soumission, leur révolte offrant des dangers qu'il importe de prévenir par une prompte et sévère répression. On pourra même, dans les cas graves, prononcer la peine de mort contre les coupables. En principe ils doivent se soumettre à toutes les mesures de sûreté prises à leur égard par l'Etat auquel ils ont rendu les armes; c'est une conséquence nécessaire de leur situation. En France ils sont justiciables des conseils de guerre pour les crimes et délits (art. 56 du Code de justice militaire) ; quant aux fautes contre la discipline, elles sont punissables d'une détention qui ne peut excéder un mois qu'en vertu d'une décision ministérielle (art. 24 et 25 du Règlement de 1859). Il est bien entendu que ceux qui, avant d'avoir été faits prisonniers de guerre, étaient poursuivis pour un crime ou délit dans l'Etat qui les a capturés, peuvent plus tard être poursuivis par les tribunaux.

Ainsi un voleur s'engage dans l'armée ennemie, puis est fait prisonnier par l'Etat où il a commis son crime, il sera livré aux tribunaux criminels, sans qu'il y ait lieu de tenir compte de sa qualité de prisonnier de guerre.

Tout ce qui appartient personnellement aux prisonniers, les armes exceptées, reste leur propriété, à moins que des mesures d'ordre n'amènent une confiscation provisoire; dans ce dernier cas, restitution leur serait faite lors de leur mise en liberté.

Les prisonniers sont ordinairement assujettis à l'internement dans une ville, une forteresse, un camp ou une localité quelconque, avec défense de s'éloigner au delà de certaines limites et obligation de répondre à des appels journaliers ou simplement à époques fixes. Ils peuvent même être enfermés par mesure de sûreté indispensable, ou par leur faute, s'ils manquent aux appels ou commettent d'autres infractions à la discipline.

Le gouvernement au pouvoir duquel se trouvent les prisonniers est chargé de leur entretien. Les frais qui en résultent sont ordinairement, à la fin de la guerre, pris en compte par chacun des belligérants. A défaut d'entente préalable les prisonniers doivent toujours être entretenus convenablement, et, s'il est possible, sur le même pied de paix que les troupes du gouvernement qui les a capturés. C'est ce qu'ordonne le règlement français de 1859 dont il a été fait application en 1870 aux Allemands prisonniers. Il s'est trouvé en fait que ces derniers étaient traités, sous le rapport de la solde et de la nourriture, bien plus favorablement que les Français prisonniers en Allemagne (1).

Pendant leur captivité les prisonniers ne doivent être astreints d'aucune manière à prendre une part quelconque aux opérations de la guerre ; il est également interdit de leur arracher par menaces ou mauvais traitements des renseignements sur leur pays ou sur leur armée. En revanche ils peuvent être employés à des travaux publics, pourvu que ces travaux n'aient pas un rapport direct avec les opérations sur le théâtre de la guerre, qu'ils ne soient pas excessifs, ni humiliants pour leur grade s'ils sont militaires, pour leur rang dans la société s'ils sont civils. Ceux qui le désirent peuvent être autorisés à prendre part aux travaux de l'industrie privée ; généralement on y met des conditions, car c'est une faveur puisqu'ils ont ainsi plus de liberté et un salaire plus élevé. Les sommes produites par le travail des prisonniers peuvent, ou être perçues par l'autorité qui les détient pour servir à améliorer leur position, ou leur être remises au moment de leur libération sous déduction des frais de leur entretien. En France, aucune retenue n'est faite au profit de l'État sur le montant du salaire gagné par les prisonniers (Art. 46, 53 et 54 du règlement du 6 mai 1859).

IV. *Cessation de la captivité.* — *a. Évasion.* — C'est un *malheur* d'être fait prisonnier de guerre, disent les instructions américaines, ce n'est pas un *crime*

---

(1) Voyez à ce sujet la correspondance échangée entre M. de Bismarck (4 oct. 1870) et M. de Chaudordy (28 oct. 1870).

de chercher à recouvrer la liberté et à échapper à une humiliation. C'est en vertu de cette idée que tant de prisonniers font des efforts pour recouvrer la liberté et s'enfuir. C'est de leur part un désir bien justifié; mais à un autre point de vue, leur évasion constitue un acte de résistance et d'hostilité que le capteur doit nécessairement prévenir ou réprimer.

Pour le règlement des questions soulevées par le conflit de ces intérêts contraires il faut distinguer trois hypothèses :

1° Si le prisonnier est surpris pendant sa fuite, l'emploi de la force est permis contre lui. Cependant le recours aux armes doit toujours être précédé d'une sommation, et l'on ne doit pas tirer sur le fugitif sans lui avoir préalablement crié de s'arrêter et de se rendre ;

2° Si le prisonnier évadé est repris avant d'avoir pu rejoindre l'armée de son gouvernement ou quitter le territoire soumis au capteur, il ne peut être puni que disciplinairement, et soumis, à l'avenir, à une surveillance plus rigoureuse.

3° S'il réussit à s'échapper, à rejoindre l'armée nationale, à passer sur le territoire non occupé ou en pays neutre, il n'est passible d'aucune peine s'il vient à être repris plus tard. Toutefois il est alors permis de prendre à son égard les mesures spéciales de surveillance que ses antécédents font juger utiles.

b. Liberté sur parole. — Les prisonniers de guerre peuvent, suivant les circonstances, être mis en liberté sur parole.

La guerre de 1870 nous fournit à cet égard des

espèces intéressantes à étudier. Cette mesure a été, en effet, appliquée aux officiers français dans deux hypothèses bien différentes : Aux uns on a donné liberté sur parole dans le lieu de l'internement; à d'autres liberté de rester ou de retourner en France, sous parole ou engagement de ne plus combattre.

Prenons d'abord la première hypothèse. Posons en principe qu'en donnant sa parole, le prisonnier s'engage sur l'honneur à respecter avec fidélité les conditions apportées à sa mise en liberté quel qu'incomplète et restreinte qu'elle puisse être. Cela est certain, car il y a là contrat de droit strict. Mais en revanche, il faut pour la validité de ce contrat et pour qu'il produise les obligations rigoureuses qui en découlent que le belligérant précise bien nettement ses conditions, et que de son côté le prisonnier connaisse les termes exacts et l'étendue réelle de l'engagement qu'il va prendre.

C'est pour cela que le règlement américain exige en pareil cas *deux documents écrits et échangés,* lesquels doivent indiquer quel est l'engagement pris sous menace d'une peine en cas d'infraction. Les Allemands ont agi autrement et l'opinion publique en France et à l'étranger a protesté contre leur manière de faire. Voici d'après le *Journal de Bruxelles* comment ils s'y prenaient : « A leur arrivée dans la localité qui leur est destinée, les officiers doivent donner leurs noms, leur grade, le lieu de leur naissance, etc. Ces formalités remplies, on inscrit en allemand, sur une feuille blanche, que les officiers dont les signatures suivent s'engagent à ne pas quitter la ville (1). » N'est-ce pas un véritable piège; un consentement surpris de la sorte est-il valable? Y a-t-il une condition expressément imposée et sciemment souscrite? — Sans insister sur ce point délicat, nous nous bornons à dire qu'on peut s'expliquer de la sorte certaines évasions, crues permises par ceux qui les tentaient, et qui ont été par la suite relevées si amèrement par le vainqueur. Elles eurent d'ailleurs pour conséquence immédiate un redoublement de sévérité vis-à-vis des autres prisonniers dont l'ordre suivant du général Vogel von Falkenstein peut fournir la mesure : « Chaque fois qu'un prisonnier français s'évadera, dix de ses collègues habitant avec lui seront choisis au sort pour être enfermés et étroitement surveillés dans une forteresse jusqu'à ce que le prisonnier soit ramené; celui-ci sera alors privé de tous les droits et privilèges accordés à l'officier prisonnier. » De pareils procédés n'ont rien de commun avec les lois de la guerre, c'est de l'intimidation et non de la justice.

Il va sans dire que le prisonnier est libre de refu-

---

(1) *Journal de Bruxelles,* le *Gaulois,* le *Petit Moniteur* du 18 janvier 1871. — La relation de ces journaux est parfaitement exacte. A Cologne, où nous avons été conduits après la capitulation de Metz, on nous a réunis un jour à la caserne, et là on nous a dit, en nous présentant plusieurs listes à signer : « Ceux qui désirent aller à Hambourg signeront sur cette feuille; ceux qui veulent aller à Altona sur celle-ci, etc. » Rien autre chose. Pour notre part, nous avons signé sur la feuille de Hambourg; et en haut il y avait en allemand, la promesse sur l'honneur de ne pas nous éloigner de cette ville. Combien ont mis leurs noms au bas de pareilles feuilles, sans se douter de l'engagement qu'ils prenaient.

ser cette liberté relative dans le lieu de l'internement;
il pourra alors être l'objet d'une surveillance plus
rigoureuse.

Venons maintenant à la deuxième hypothèse, c'est-
à-dire à la liberté de rester ou de retourner dans
leur pays donnée à des prisonniers. Cette mise en
liberté n'a jamais lieu qu'après le combat; pendant
la bataille, elle serait inadmissible et ne saurait avoir
d'effet. En échange, le prisonnier promet de ne plus
combattre pendant la guerre engagée au moment de
sa libération. Cet engagement ne se rapporte qu'au
service effectif en campagne contre le belligérant auquel la parole a été donnée et contre ceux de ses alliés
qui prennent part à la même guerre; il ne s'étend
pas au service intérieur. Ainsi, les prisonniers mis
en liberté sur parole peuvent être employés à lever et
à instruire les recrues, à travailler aux fortifications
des places non assiégées, à maintenir l'ordre public,
à combattre des ennemis qui ne sont pas alliés du
belligérant, ou à remplir des fonctions civiles ou diplomatiques.

Tous les prisonniers, sans distinction de grade,
peuvent être mis en liberté sur parole (1).

Le fait que les lois de leur pays leur interdisent
d'accepter un pareil bénéfice n'altère point, au re-
gard du belligérant, le contrat qu'ils passent au mé-

------

(1) Selon M. Bluntschli, règle 621, les soldats ne peuvent s'engager que par l'intermédiaire de leurs officiers, et ceux-ci seulement avec l'autorisation de celui d'entre eux qui possède le grade
le plus élevé.

pris de ces lois, et n'a d'autre effet que de les exposer aux peines édictées chez eux contre l'infraction commise. Aucun d'eux ne peut d'ailleurs être contraint d'accepter la liberté sur parole, de même qu'un belligérant n'est jamais obligé d'obtempérer au désir du prisonnier qui la demande ; pour la validité de ce contrat, il faut, nous ne saurions trop le répéter, le libre consentement des parties contractantes.

Le contrat passé par le prisonnier n'a pas un caractère purement privé, il oblige en même temps son propre gouvernement. S'il a enfreint, en le signant, les prescriptions de la loi nationale, il est passible des peines édictées contre cette infraction ; mais le contrat n'en reste pas moins valable, et son gouvernement ne doit ni exiger, ni accepter de lui aucun service contraire à la parole donnée.

La violation de cette parole est considérée dans tous pays comme un grave manquement à l'honneur, et comme un crime pouvant entraîner la peine capitale si le captif libéré est repris portant les armes contre le gouvernement avec lequel il s'est engagé. En France, les dispositions de l'article 204 du Code de justice militaire et de l'article 262 du Code militaire de marine sont formelles à cet égard ; notons toutefois qu'il faut pour cela un jugement régulier devant la juridiction militaire compétente, ainsi qu'il résulte de l'avis suivant du Conseil d'Etat, devenu décret-loi par l'approbation de l'empereur du 4 mai 1812 : « Le Conseil d'Etat, qui, en exécution du renvoi ordonné par Sa Majesté, a entendu le rapport des sections de la guerre et de législation réunies,

sur celui du ministre de la guerre, ayant pour objet
d'examiner si des officiers faits prisonniers de guerre,
et qui, après avoir faussé leur parole, sont repris les
armes à la main, doivent être traduits devant une
commission militaire, considérant que ces officiers,
ayant abusé du droit des gens, retombent par cela
même sous le droit de la guerre, est d'avis que, lorsque des officiers prisonniers de guerre, ayant faussé
leur parole, sont repris les armes à la main, la peine
capitale, par eux encourue, ne peut leur être infligée
qu'après avoir été traduits à une commission militaire
chargée de *constater* l'identité des individus et la *réalité des faits* ».

En 1870, les Allemands ont formulé à diverses
reprises (1) des accusations fort graves au sujet des
manquements à la parole donnée de la part d'officiers
français ; la plupart de ces accusations ont été, par
la suite, reconnues fausses ; le gouvernement français, d'ailleurs, a tenu à montrer qu'il entendait respecter les usages de la guerre en faisant traduire devant des conseils d'enquête tous ceux qui pouvaient
être soupçonnés d'avoir failli à l'honneur.

Dans le nombre des accusations lancées par l'ennemi, nous citerons seulement celle qui s'attaquait
à l'honorable général Ducrot, à propos de son évasion. Voici les faits, ils appartiennent à l'histoire :
Prisonnier à Sedan, le général reçut un sauf-conduit
pour se rendre librement à Pont-à-Mousson d'où il

---

(1) Réclamation du comte de Bismarck du 14 déc. 1870. Lettre
du même à la date du 9 janv. 1871.

devait être dirigé sur l'Allemagne. Il se rendit dans cette ville, remit son sauf-conduit aux autorités allemandes et se reconstitua ainsi prisonnier. A partir de ce moment, il rentrait dans la catégorie des prisonniers ordinaires et c'était à l'ennemi à le garder. C'est alors que, profitant d'un manque de surveillance et d'un retard de trains, il s'évada à ses risques et périls et réussit à gagner Paris. « J'ai rempli scrupuleusement l'engagement d'honneur que j'avais pris de me constituer prisonnier au jour et à l'heure fixés, écrit-il dans sa lettre explicative au général Trochu en date du 17 octobre 1870, c'est à partir de ce moment, c'est-à-dire après avoir repris avec mon état-major le droit qu'a tout prisonnier de guerre de chercher à recouvrer sa liberté à ses risques et périls, que je me suis échappé des mains de l'ennemi (1) ». Il n'y a certainement rien là que de très correct, et l'accusation de forfaiture tombe devant ce simple récit des faits.

En terminant cette question de la liberté sur parole et pour nous résumer nous dirons, avec M. Calvo, que si, théoriquement, elle semble facile, elle offre en fait des difficultés sérieuses. L'expérience de la dernière guerre lui a été des plus défavorables, car elle a le grand inconvénient de séparer, la plupart du temps, le sort de l'officier de celui du soldat, ce qui ne doit pas être. Sans doute, la captivité est un malheur, mais mieux vaut encore s'y soumettre entière-

______

(1) Cette lettre, des plus intéressantes, se trouve au *Journal officiel* du 18 octobre 1870.

ment que d'obtenir par un compromis bâtard une liberté restreinte et souvent lourde à porter.

c. Echange. — La captivité peut aussi cesser par l'échange réciproque des prisonniers au moyen d'une convention qui porte le nom de *cartel d'échange.* Cet usage, déjà ancien, remonte à la fin du xviie siècle.

L'échange des prisonniers est entièrement facultatif pour les deux belligérants et, s'il n'y a pas de convention antérieure, aucun d'eux n'est obligé d'y consentir.

A moins de stipulations contraires, les échanges de prisonniers s'opèrent homme pour homme, grade pour grade, blessé pour blessé, par rang d'ancienneté de captivité sans qu'il soit tenu compte de l'arme.

A cet effet, l'honneur oblige le prisonnier de guerre à déclarer son grade véritable à celui qui l'a capturé. Il ne lui est pas permis de s'attribuer un grade inférieur en vue de procurer un échange plus avantageux à son gouvernement, pas plus qu'il ne devrait se donner un grade supérieur pour améliorer sa captivité; de telles fraudes sont punissables et peuvent faire perdre tout droit à l'échange.

Une exacte réciprocité est généralement observée dans les cartels d'échange (1). On peut cependant, à

____

(1) En 1810, l'Angleterre avait 50,000 prisonniers français; la France n'en avait pas autant, mais elle pouvait parfaire ce nombre en faisant entrer en ligne de compte les prisonniers espagnols ou portugais alliés de la Grande-Bretagne. Napoléon offrit l'échange sur ces bases, mais on ne put arriver à s'entendre, les Anglais prétendant exclure de cette mesure les alliés qui avaient exposé

défaut de prisonniers respectifs de même grade, convenir d'échanger des prisonniers de rang supérieur contre un nombre plus élevé de prisonniers de grade inférieur.

Quant aux prisonniers qui n'ont pu être échangés à raison du nombre de ceux que l'ennemi se trouvait alors en mesure de restituer, la loi française de 1793, article 10, décide qu'ils pourront être renvoyés, par anticipation, sur leur parole d'honneur de ne faire aucun service qu'ils n'aient été échangés. Ils sont en conséquence compris dans le plus prochain cartel d'échange.

La mise en liberté par échange n'a pas reçu d'application sérieuse en 1870.

d. Conclusion de la paix. — Enfin, la captivité des prisonniers de guerre cesse de droit par la conclusion de la paix. Leur libération est alors réglée d'un commun accord entre les belligérants.

CHAPITRE V.

DE L'OCCUPATION ET DE SES EFFETS PAR RAPPORT A LA PERSONNE DE L'ENNEMI.

I. *Définition de l'occupation.* — *Comment elle s'établit et comment elle prend fin.* — Lorsqu'une armée envahit un pays et s'établit sur un point, on dit que le territoire est *occupé*.

---

leur vie et leur liberté pour la défense de la même cause (*Calvo*, t. II, p. 148).

Dans les temps anciens l'envahisseur, en pénétrant sur le territoire ennemi, avait l'habitude d'égorger tous les habitants du sexe masculin en état de porter les armes. On prétendait ainsi atteindre le but de la guerre et consolider la victoire en mettant les vaincus hors d'état de recommencer la lutte. Longtemps encore après la disparition de ces coutumes barbares, envahissement et conquête restèrent synonymes; il n'en est plus de même aujourd'hui, et l'invasion, soigneusement distinguée de la conquête, peut être définie : « un état de fait essentiellement provisoire qui donne au belligérant le pouvoir de faire des actes utiles aux fins de la guerre. »

A la conférence de Bruxelles, lorsqu'il s'agit de déterminer exactement quand commencerait cet état de fait, et quand il devrait prendre fin, on se trouva en présence de deux textes.

Le premier, proposé par la Russie et appuyé par l'Allemagne, ne fixait pas les conditions auxquelles devait satisfaire l'occupation pour conférer à l'autorité militaire certains droits déterminés.

Le second, destiné à combler cette lacune, était ainsi conçu : « Le territoire de l'un des belligérants est considéré comme occupé, lorsqu'il est soumis *effectivement* à l'autorité de l'armée ennemie. L'occupation ne s'étend qu'aux territoires où cette autorité est établie et ne dure que tant que l'occupant est en état d'exercer cette même autorité. » C'était, on le voit, une application évidente à la guerre terrestre du principe qui règle le blocus dans les guerres maritimes. Le représentant prussien, général Voigts-

Retz, fit des objections : « En admettant, dit-il, que l'occupation n'existe que là où le pouvoir militaire est visible, on provoque des insurrections. En effet, aussitôt que l'autorité de l'occupant ne sera plus visible, des soulèvements populaires éclateront, ils seront suivis de répressions cruelles, et la guerre deviendra atroce. » Cette raison humanitaire, mise en avant par le général prussien, n'était pas, à vrai dire, celle qui lui faisait repousser la deuxième rédaction. La première, en effet, était bien plus favorable à l'occupant, qui pouvait tenir dans sa sujétion tout un territoire au moyen des stipulations internationales substituées à l'emploi de la force armée. Un escadron de hulans et une déclaration militaire suffisaient pour cela, et l'armée envahissante pouvait continuer sa marche sans laisser de troupes en arrière. Que si, après son passage, une émeute éclate, si une ville se soulève, détruit les routes, fait sauter les ponts, les émeutiers et la ville seront *hors la loi* pour n'avoir pas pensé que la présence d'un commandant militaire soutenu par un demi-bataillon de landwehr devait suffir à étouffer dans les cœurs la voix du devoir. C'était, en un mot, la négation manifeste du droit d'insurrection, même pour le cas où elle est possible à cause de la faiblesse de l'ennemi.

La Conférence opina pour l'occupation effective et adopta la définition suivante : « Un territoire est considéré comme occupé du moment, aussi longtemps et aussi complètement que l'état dont il relève est empêché, par le fait de l'armée ennemie et la cessation de la résistance locale, d'y exercer publiquement son autorité souveraine. »

Cette formule est une application exacte des règles générales sur la possession. Perdre la possession d'une chose, c'est perdre la possibilité d'exercer sur cette chose des actes de propriétaire; on la perd dès que cette chose se trouve placée sous la dépendance d'autrui. Ainsi un territoire doit être considéré comme occupé, dès que la nation dont il dépend cesse d'y pouvoir exercer des actes de souveraineté.

L'occupation n'est donc qu'une simple possession.

Il arrive même le plus souvent qu'elle diffère de la possession civile, en ce sens, que l'occupant n'a pas ce que l'on pourrait appeler *l'animus sibi habendi*, c'est-à-dire l'intention de considérer comme sien le pays envahi, à supposer même que la guerre lui soit favorable

Ainsi, en 1870, quand les Allemands occupaient l'Eure-et-Loir, la Sarthe, la Seine, etc., ils n'avaient certainement pas la prétention de conserver ces départements.

Il en est autrement de la conquête qui est l'acquisition définitive et irrévocable du pays, et qui résulte de cessions consenties dans des traités ou imposées par la force ; il y a alors, pour continuer la comparaison commencée plus haut et tirée du droit civil, substitution de la propriété à la possession (1).

------

(1) C'est en vertu de cette distinction déjà formulée par Kübler (*Droit des gens modernes*, § 256) avec beaucoup de netteté, que les auteurs sont unanimes pour condamner la conduite de Georges I",

L'occupation prend fin avec les causes qui lui ont donné naissance. Ainsi l'envahisseur peut renoncer volontairement à sa situation avantageuse, il peut aussi être obligé de se retirer et, dans tous les cas, il perdra les effets de la prise de possession.

II. *Effets de l'occupation.* — Nous n'étudions ici l'occupation qu'au point de vue de ses résultats, quant aux personnes. L'idée générale de la matière est que l'occupation n'est qu'un fait, mais un fait trop grave pour ne pas produire certains effets de droit.

Les limites dans lesquelles doit se renfermer l'occupant sont marquées par deux points principaux : *a. Maintien de l'ordre et de la vie sociale; b. Respect des personnes.*

a. Maintien de l'ordre et de la vie sociale. — Pour assurer le maintien de l'ordre et de la vie sociale, nous avons en présence deux juridictions, celle de la nation envahie et celle de l'ennemi.

En effet, l'occupant aura à prendre des mesures indispensables de sécurité ; il ne pourra admettre de la part de la population une résistance qui mettrait en

---

roi d'Angleterre, qui, oubliant tout sentiment des convenances, se fit céder, le 15 juillet 1715, le domaine des duchés de Brême, de Verden et de Stade, enlevés en pleine paix à la Suède par le roi de Danemark. Dans les guerres soutenues par la France, au commencement de ce siècle, contre les divers peuples de l'Europe, on vit plusieurs fois Napoléon disposer arbitrairement des provinces qu'il avait envahies. Nous pouvons conclure que les cessions ainsi faites ne peuvent être valables que dans le cas où le vainqueur a acquis un droit incontestable par suite des clauses d'un traité postérieur. (Voyez *la Guerre continentale et la propriété*, par Rouard de Card, avocat à la Cour d'appel de Paris.)

péril les avantages obtenus, sur lesquels il est en droit
de compter pour aider au rétablissement de la paix.

D'un autre côté, comme il n'est pas encore souverain du territoire envahi, que souvent même il ne
prétend pas à le devenir, son autorité devra se limiter strictement aux fins nécessaires à la guerre, et
par cela il lui suffira de priver surtout la nation ennemie, dans les territoires occupés, des attributs nécessaires à la souveraineté; pour tout le reste, il
devra laisser en vigueur les lois et les usages établis.

Il faut donc faire la part : 1° De la législation et
de la juridiction du pays auquel appartient le territoire envahi;

2° De la législation et de la juridiction du pays
auquel appartient l'envahisseur.

1° *Application de la loi et de la juridiction nationales.*
— Le meilleur moyen d'assurer la vie publique,
c'est de laisser en vigueur les lois établies. Ce principe cependant ne laisse pas que de présenter de
grosses dificultés en ce qui concerne les lois politiques, administratives et financières édictées en vue
d'un régime qui est suspendu de fait. Ces lois contiennent souvent des prescriptions contraires aux intérêts de l'occupant; le cas échéant, celui-ci est nécessairement amené soit à en interdire l'observation,
soit à en modifier l'économie, soit même à y substituer d'autres règles. Ainsi, par exemple, son premier
soin sera de suspendre l'effet des lois de conscription et d'empêcher, par la menace de peines sévères,
les hommes valides de quitter le territoire occupé
pour aller grossir les rangs de l'armée nationale.

Le 13 août 1870, le roi de Prusse proclama la conscription abolie et interdite dans tous les départements français occupés. En vertu du même principe, le 15 décembre de la même année, le ministre de Roon défendit aux habitants des provinces occupées de se rendre sous les drapeaux de leur pays sous peine de confiscation et de bannissement (1).

De même encore, l'ennemi n'hésitera pas à suspendre l'application des lois de finances, afin d'empêcher l'administration légale de percevoir les impôts, et d'en toucher lui-même le montant.

Ces difficultés ne sauraient exister pour le maintien des lois civiles et pénales ; ces lois, en effet, touchent surtout à des intérêts privés, et si l'occupant veut rester fidèle à la règle que la guerre est une relation d'Etat, il ne doit pas empêcher les rapports qui peuvent exister entre les particuliers ; comme ces rapports entraînent fréquemment des contestations, il y a par suite nécessité de maintenir les autorités judiciaires qui seules peuvent les trancher.

Ces idées, dit M. Guérard (2), justifient absolument la persistance des lois et de la juridiction ci-

---

(1) Des doutes graves peuvent être soulevés au sujet de ces peines, parce que d'une part elles sont excessives, ensuite parce que leurs effets ont une durée plus considérable que les intérêts militaires ne l'exigent. (Voyez à ce sujet : Rollin-Jacquemyns, *Revue de droit international*, Gand, 1871, p. 316 ; Bluntschli, *Jahrbücher d'Holtzendorff*, 1871, p. 310.)

(2) Etude sur *les Lois de la guerre au point de vue des intérêts privés*. — Nous nous inspirerons souvent de cet important travail dans ce chapitre de l'occupation.

viles; mais il faut aller plus loin et, malgré la nature même des lois criminelles, décider qu'elles continueront à recevoir leur application. Elles sont plus nécessaires que jamais à toutes les époques troublées, et particulièrement en temps de guerre. Il y aura double intérêt, quand un crime ou délit sera commis, à appliquer immédiatement la loi pénale; d'abord parce que les preuves seront plus faciles à réunir, ensuite parce que la répression sera d'autant plus exemplaire qu'elle sera plus prompte et plus rapprochée du crime.

De ces principes nous devons conclure que les tribunaux du pays envahi restent compétents pour statuer sur les contestations qui peuvent s'élever entre les nationaux. Cette compétence existe, tant au point de vue criminel qu'au point de vue civil. Les tribunaux doivent d'ailleurs appliquer la loi nationale et rendre la justice au nom du gouvernement auquel ils appartenaient avant la conquête.

Le devoir de l'occupant et même son intérêt, bien entendu, lui commandent de n'entraver en rien l'exercice de la justice dans toutes les hypothèses où il n'est pas directement intéressé; il n'intervient que pour garantir la liberté des actes des juges et l'exécution de leurs sentences. Les magistrats, de leur côté, doivent tenir compte de l'état de fait résultant de l'occupation, et éviter d'entrer en lutte ouverte avec le pouvoir ennemi. De part et d'autre, en un mot, il doit y avoir un égal esprit de conciliation et un égal désir de continuer au pays les bienfaits d'une justice régulière.

Voyons maintenant comment ces règles ont été mises en pratique, en 1870, pendant l'invasion.

Les Allemands ne violèrent pas directement le principe, mais, comme ils ne voulaient pas reconnaître le gouvernement de la République, ils manifestèrent, notamment à Nancy, l'intention de contraindre les magistrats français à rendre la justice *au nom des hautes puissances allemandes occupant la Lorraine, l'Alsace, etc.* Cette exigence était, dit M. Calvo, un regrettable abus de force et le plus étrange oubli des limites réelles du droit d'occupation. Voici, en substance, la réponse patriotique et absolument conforme au droit des gens que fit à ce sujet la Cour de Nancy dans sa délibération du 8 septembre 1870 : « La Cour établit qu'à toutes les époques et sous tous les gouvernements la justice avait été rendue au nom du souverain, quel qu'il fût ; que l'occupation étant un état de fait ne pouvait suffire à déplacer la souveraineté ; que la Cour ne pouvait avoir qualité pour trancher la question politique, alors qu'un gouvernement de fait fonctionnait sans rencontrer nulle part de résistance ; qu'en conséquence, quel que pût être l'inconvénient de suspendre l'administration de la justice, surtout à un moment où les malfaiteurs profiteraient des malheurs publics, elle décidait à l'unanimité qu'il y avait lieu pour elle, sans abdiquer ses fonctions, de s'abstenir provisoirement. »

A Laon, les Allemands firent une seconde tentative près du tribunal civil ; après avoir demandé inutilement la formule *au nom de l'empereur*, ils déclarèrent se contenter de : *au nom de la loi.* Le tribunal,

par une décision en date du 15 octobre 1870, refusa. Ces motifs furent : « qu'il n'avait pas le droit de
substituer une formule à celle déclarée exécutoire,
qu'il devait obéir aux lois sans les discuter ni les
modifier, que l'existence d'une justice française était
incompatible avec celle d'une administration étrangère, que des conflits ne tarderaient pas à naître;
en conséquence, il s'abstiendrait à l'avenir de rendre
la justice (1). »

Ce que le tribunal aurait surtout pu dire, fait remarquer avec raison M. Guérard, c'est qu'on ne peut
rendre la justice *au nom de la loi*. C'est, en effet, le
pouvoir exécutif et non le pouvoir législatif qui est
chargé de faire exécuter les décisions de la justice;
c'est donc en son nom seul que peuvent et doivent
parler les tribunaux.

2° *Application de la loi et de la compétence étrangères.*
— A côté des lois du pays envahi qui continuent à
rester en vigueur, une certaine part doit être faite à
la législation et à la compétence de l'armée envahissante. On peut, pour justifier cette application et
cette compétence, s'appuyer sur les principes suivants :

« Là où est le drapeau, là est la France, » disait
le premier consul. Cette maxime, qui revendique la

___

(1) Voir *in extenso* ces remarquables délibérations dans Calvo,
op. cit., t. II, p. 112 et suiv. — L'exemple de la Cour de Nancy et
du tribunal de Laon fut suivi par le tribunal de Versailles. —
M. Bluntschli trouve, que, faute de s'entendre sur la formule,
mieux valait la supprimer; car, dit-il, son utilité est fort contestable. Voilà ce qui peut s'appeler une solution radicale.

souveraineté d'une nation sur tous les points où flotte son drapeau, doit être limitée évidemment aux lois et mesures qui peuvent intéresser l'armée occupante. Ce n'est que quand ses intérêts seront en jeu qu'elle aura à décliner la juridiction étrangère pour y substituer la sienne (1).

Une armée, alors surtout qu'elle est en pays ennemi, a besoin de pourvoir à sa sécurité et à la sécurité de tous ceux qui l'accompagnent. Elle ne peut pas rationnellement demander aux tribunaux du pays occupé la répression des infractions commises contre elles. Il y aurait à craindre défaut d'impartialité; fût-elle, d'ailleurs, demanderesse, partie plaignante en s'adressant à ces tribunaux, elle reconnaîtrait implicitement l'autorité qui les a institués, ce qu'on ne saurait exiger.

Nous reconnaissons donc que l'armée occupante a juridiction sur tous les individus, même étrangers, qui se rendent auteurs ou complices de l'un des crimes prévus comme attentatoires à la discipline ou à la sûreté de l'armée ennemie.

Ce principe est universellement admis, non-seulement par le droit des gens, mais encore par la législation positive de la plupart des nations, spécialement par la loi française.

Le Code de justice militaire porte, en effet, dans

____

(1) C'est du reste dans ces limites qu'a été entendue au début la maxime *là où est le drapeau, là est la France,* puisqu'il s'agissait des actes de l'état civil concernant les militaires en pays ennemi. *M. Guérard,* ouvrage cité.

son article 63 : « Sont justiciables des conseils de guerre, si l'armée est sur le territoire ennemi, tous individus prévenus, soit comme auteurs, soit comme complices, d'un des crimes ou délits prévus par le titre II du présent Code. »

Ce titre comprend un grand nombre de crimes ou délits dont voici l'énumération : trahison, espionnage, embauchage pour le compte de l'ennemi (art. 204-208); révolte, insubordination, rébellion (art. 217-225); insoumission ou désertion quand il y a provocation ou recel (230-243) ; vente, détournement, mise en gage et recel d'effets militaires (244-247); vol au préjudice de l'armée ou d'un soldat (248-249); pillage, dévastation ou destruction d'édifices servant aux besoins de l'armée (250-256). D'après la loi française, les délinquants justiciables ainsi des conseils de guerre ne peuvent être frappés sans jugement. De plus, ils sont admis à bénéficier de l'article 463 du Code pénal ordinaire, c'est-à-dire que leur peine peut être abaissée, s'il existe en leur faveur des circonstances atténuantes.

Telle est chez nous la règle ; pour les cas imprévus seulement, il y a lieu d'édicter les prohibitions et pénalités que les circonstances rendent nécessaires. C'est ordinairement l'objet d'un paragraphe inséré dans la proclamation que le commandant en chef publie à son entrée sur le territoire ennemi.

Après avoir posé ces règles générales, examinons quelques questions qui s'y rattachent intimement.

Demandons-nous d'abord si la compétence étrangère est limitée aux crimes et délits militaires?

La question s'est présentée au Mexique ; il s'agissait d'un crime de droit commun, du crime d'empoisonnement commis par un Mexicain sur la personne
de soldats français. L'accusé, condamné par un jugement du conseil de guerre en date du 3 juin 1875,
se pourvut en cassation ; il invoquait cette circonstance que le crime d'empoisonnement ne figure pas
parmi ceux énumérés par le titre II du Code de justice militaire.

Le pourvoi fût rejeté par un arrêt de la Cour de
cassation du 24 août 1865.

« Attendu, dit la Cour, que l'empoisonnement re-
proché à Manuel Gonzalès, crime puni de mort par
le Code pénal ordinaire, devait nécessairement tomber sous le coup d'une juridiction répressive ; que le
seul tribunal de répression régulièrement organisé
était le conseil de guerre et que l'armée française
était en territoire ennemi ; que le crime de faire mourir
trois soldats français devait d'autant moins rester
impuni, qu'il compromettait à un plus haut degré la
sûreté et la conservation du corps expéditionnaire ;
que, dans des circonstances aussi impérieuses, les
règles supérieures du droit naturel, comme celles de
la morale publique, voulaient que le conseil de guerre
eût compétence pour juger le prévenu, et assurer
ainsi à l'armée française une protection légitime ; qu'en
outre et quoique le fait incriminé ne soit pas prévu
textuellement par le Code de justice militaire, il résulte
suffisamment de l'ensemble des dispositions de ce
Code et notamment de la combinaison de l'art. 63 et
de l'art. 77, § 3, que quand il s'agit de crime commis

en territoire ennemi, par un étranger, contre l'armée française, le conseil de guerre est compétent pour en connaître, etc. » (1).

On peut se demander si la compétence des conseils de guerre se limite à l'occupation sur le pied de guerre?

En effet, il peut y avoir d'autres occupations que celles qui sont faites sur le pied de guerre. C'est ce que l'on appelle parfois les occupations *convenues*; parce qu'elles résultent d'un traité passé entre le souverain d'un territoire et celui dont dépend l'armée.

Ainsi par exemple, après la guerre 1870-71, l'armée allemande continua d'occuper, à titre de garantie territoriale, un certain nombre de nos départements.

Ainsi encore, l'armée française occupa pendant plus de vingt ans les Etats du pape, à titre de protection et en vertu de traités passés entre la France et le souverain territorial.

Malgré ce caractère, en quelque sorte pacifique de l'occupation, les tribunaux militaires n'en restent pas moins compétents. Cela a été décidé par de nombreux arrêts de cassation rendus précisément à l'occasion de l'occupation de Rome par l'armée française, et dans des affaires relatives non seulement à des crimes ou délits militaires mais aussi à des crimes ou délits relevant du Code pénal ordinaire (2).

---

(1) *Bulletin criminel*, n. 179.

(2) Affaire *Graziani*, rébellion en bande armée. Cassation, 19 janvier 1865. — Affaire *Mariani* et *Rosati*, vol de bijoux et d'argent au préjudice d'un officier français en garnison à Rome. Cassation, 23 juin 1865. — Association de malfaiteurs et blessures faites à

Les motifs sont que l'armée occupant le territoire étranger doit porter en elle tous les éléments de puissance nécessaires à sa sécurité. Ce principe ne saurait être modifié par cette circonstance que l'occupation a lieu sur le pied de paix ; bien que convenue, elle donne toujours à l'occupant une situation prédominante ; et, d'ailleurs, elle se produit toujours dans des circonstances exceptionnelles qui, si elles ne constituent par l'état de guerre, en sont presque toujours la suite et la conséquence.

Comme dernière question à examiner sur cette matière, nous avons à établir d'après quels principes et quelles lois doivent procéder les juridictions de l'armée occupante ?

Tout d'abord, il est évident que les juridictions militaires n'auront pas à se préoccuper des formes suivies dans les pays qu'elles occupent. On ne peut leur demander ni de les connaître, ni de s'y conformer. C'est donc au nom de leur souverain qu'elles rendront la justice, et c'est d'après leur loi nationale qu'elles procéderont ; mais de quelle façon ?

Dans un premier système qui a été pratiqué par les Allemands, l'armée envahissante rend la justice sans être soumise à aucune loi.

La juridiction et la procédure sont absolument abandonnées à l'arbitraire des chefs militaires ; ils ont le droit de prendre des mesures spéciales ou gé-

---

des soldats. Cass., 30 nov. et 14 déc. 1865. (Voy. *Bull. criminel*, n. 14, 133, 214, 225.)

nérales suivant les circonstances et les nécessités du moment.

Ainsi, en 1870, l'application de la justice militaire résultait non pas de la loi allemande, mais de la décision prise par les commandants en chef de l'armée, décision qui créait à la fois les délits, les peines et la procédure.

Nous ne pouvons mieux appuyer sur ce reproche, qu'en transcrivant le texte de l'ordonnance émise en août, dès le début de l'invasion, publiée et exécutée par les commandants de corps prussiens :

« 1° La juridiction militaire est établie par la présente. Elle sera appliquée, dans toute l'étendue du territoire français occupé par les troupes allemandes, à toute action tendant à compromettre la sécurité de ces troupes, à leur causer des dommages ou à prêter assistance à l'ennemi. La juridiction militaire sera réputée en vigueur et proclamée pour toute l'étendue d'un canton, aussitôt qu'elle aura été affichée dans une des localités qui en font partie ;

« 2° Toutes les personnes qui ne font pas partie de l'armée française et n'établiront pas leur qualité de soldat par des signes extérieurs, et qui serviront l'ennemi en qualité d'espions ; égareront les troupes allemandes quand elles seront chargées de leur servir de guides ; tueront, blesseront ou pilleront des personnes appartenant aux troupes allemandes ou faisant partie de leur suite ; détruiront des ponts ou des canaux, endommageront les lignes télégraphiques ou les chemins de fer ; rendront les routes impraticables, incendieront des munitions, des provisions de guerre, ou les quartiers des troupes; prendront les armes contre les troupes allemandes, seront punies de la peine de mort. *Dans chaque cas, l'officier ordonnant la procédure instituera un conseil de guerre chargé d'instruire l'affaire et de prononcer le jugement. Les conseils de guerre ne pourront condamner à une autre peine que la peine de mort. Leurs jugements seront exécutés immédiatement ;*

3° Les communes auxquelles les coupables appartiendront, ainsi que celles dont le territoire aura servi à l'action incriminée, seront passibles dans chaque cas d'une amende égale au montant annuel de leur impôt foncier. »

M. Rollin-Jacquemyns, qui certes ne saurait être soupçonné d'hostilité à l'égard des Allemands, trouve cependant qu'ils sont allés trop loin dans ce document : « Il y a là, dit-il, un mépris de la vie humaine que la guerre même n'autorise pas. Si le droit de la guerre est un droit de nécessité, il s'arrête là où cette nécessité finit. Or, il ne peut être ni nécessaire ni même utile de frapper indistinctement de la peine capitale des actes d'une importance aussi variable » (1). Ajoutons qu'il est difficile d'imaginer un pareil mépris des garanties de forme et de recours. Notons cependant qu'on est allé plus loin encore; dans les Ardennes, une proclamation d'un général-major décida que : « Tout individu non militaire qu'on trouverait porteur d'une arme, fût-il franc-

---

(1) *Revue de droit international.* Gand, 1870, p. 669.

tireur ou autre, serait pendu ou fusillé sans autre forme de procès » (Wenden) (1).

D'après un second système appliqué par les Français, les habitants des pays occupés ont droit à la justice suivant les mêmes formes, et dans les mêmes conditions que les militaires appartenant à l'armée occupante. Dans ce système, les conseils de guerre doivent être composés de la même façon, suivre la même procédure et aussi donner à la défense les mêmes facilités et la même latitude. Les exemples que nous avons cités plus haut et que nous ne rappellerons pas nous montrent qu'au Mexique, en Italie, etc., on a toujours agi d'après ces règles protectrices, toujours le condamné a bénéficié non seulement des formes de la justice militaire, mais encore des lois françaises en tant qu'elles ouvraient devant la Cour suprême un recours pour incompétence.

Ce simple exposé des deux systèmes suffit pour le juger et donner sans hésiter la préférence au second. Puisque l'on admet la règle : là où est le drapeau là est la patrie, il faut être conséquent et procéder comme si l'on était encore dans son pays. D'ailleurs il est infiniment dangereux d'accorder aux comman-

---

(1) « Les *paysans* non habillés militairement, quand ils ont tiré sur nos soldats, sont *traités sommairement et passés par les armes.* » (De Werder). — « Quelchacun qui soit surpris habillé en civil *ne sera pas traité comme soldat ennemi, mais comme assassin et puni de mort.* » (De Rosemberg). — « Sera *puni de mort* tout particulier qui aura porté les armes contre les troupes de S. M. le roi de Prusse et de ses augustes alliés. » (Von Goëben), etc.

dants d'une armée le droit de créer des délits, des procédures et des peines. La législation de chaque nation doit être assez complète pour permettre de pourvoir à la sécurité de l'armée. Le Code pénal suffit à la sûreté des citoyens; appliqué avec une stricte rigueur par des tribunaux militaires eux-mêmes intéressés dans la question, il sera certainement efficace. Enfin l'expérience démontre que toutes les fois que l'on édicte une loi spéciale c'est pour aggraver la législation existante; on arrive donc, soit à supprimer des formes reconnues comme protectrices et jugées indispensables à la liberté de la défense, soit à prononcer des peines qui ont été considérées comme injustes ou excessives. C'est là un résultat fâcheux et de tous points inadmissible.

b. Respect des personnes. — Autrefois la population pacifique était, pendant l'occupation ennemie, abandonnée à la merci de la soldatesque; il n'en est plus de même aujourd'hui, et les temps modernes ont vu s'introduire dans le droit de la guerre un principe dont les mœurs imposeront l'application avec une rigueur toujours croissante : c'est le respect des personnes. Les laboureurs, les artisans, les femmes, les enfants, les vieillards, en un mot tous les habitants inoffensifs ont droit à une sécurité complète.

« Plus le pouvoir militaire l'emporte par sa force sur les citoyens désarmés, plus aussi il doit se distinguer par ses vertus civiques. La bravoure et l'honneur n'ont jamais consisté pour un soldat à abuser de sa force et les armées civilisées sont fières à juste titre de respecter le droit et les bonnes mœurs » (1).

En principe le soldat, dans ses rapports avec la population, est obligé à la même réserve que s'il tenait garnison dans son pays. La vie des individus, l'honneur et les droits de la famille, la pudeur des femmes, la pureté des enfants et la faiblesse des vieillards doivent être respectés par lui. Le meurtre, les menaces sous condition, les blessures, les violences, les attentats aux mœurs, les arrestations ou séquestrations arbitraires, l'enlèvement des mineurs, le rapt sont des crimes, en temps de guerre comme en temps de paix, en pays ennemi comme sur le territoire national. La punition en est poursuivie conformément au Code de justice militaire et les officiers ont à prévenir et à réprimer tout excès de la part de leurs hommes (2).

Ce respect des personnes implique le respect de la religion, des cérémonies religieuses et des édifices consacrés au culte. On ne saurait, il est vrai, interdire d'une façon absolue à l'occupant le droit de prendre momentanément possession d'une église pour y établir une ambulance, pour y abriter ses troupes ou même pour y pratiquer sa religion ; mais il ne devra le faire qu'en cas de complète nécessité et il aura à s'abstenir de tout acte qui pourrait être considéré comme une profanation. En 1870, à Aubigny (Cher), les Prussiens, au mépris de ces principes voulurent transformer l'église en écurie ; le curé s'y étant

---

(1) *Bluntschli,* règle 542 ; *Instructions américaines,* art. 4.
(2) *Ordonnances de* 1832, art. 240, § 2.

refusé fut arrêté ; on le conduisit devant le porche et comme on découvrit dans l'église quelques fusils qui avaient été cachés par la garde nationale, on le tua immédiatement à coups de baïonnette (1).

Comme conséquence du respect dû aux personnes, il est interdit à l'occupant d'exiger des habitants aucun acte contraire à leur sentiment de patriotisme. Ainsi :

1° Il ne peut exiger d'eux aucun serment d'obéissance, car d'une part l'occupation ne lui a pas conféré la souveraineté et d'autre part les habitants demeurent liés au souverain légal par les mêmes obligations qu'avant la guerre.

Il ne peut les contraindre à prendre sous une forme quelconque aucune part, directe ou indirecte, aux opérations de la guerre ; il exciterait la réprobation générale s'il levait des recrues parmi eux, s'il les obligeait à combattre, s'il les menait à la tranchée, s'il les employait à des travaux d'attaque ou de défense, s'il les poussait à des actes d'hostilité contre leur patrie. Parfois cependant les nécessités de la guerre l'obligent à réclamer d'eux un concours actif, peu conciliable avec les scrupules de leur patriotisme, avec le respect dû à leurs sentiments et à leur personne.

C'est d'abord lorsque les routes ont été défoncées, les ponts détruits, et que l'envahisseur, ne pouvant les rétablir par les moyens dont il dispose, force les

---

(1) *Moniteur universel*, 4 déc. 1870.

habitants à accomplir ce travail, en tout ou en partie, sous forme de corvée ; cette coutume est un abus ; elle tend à disparaître avec le système du service obligatoire qui, en mettant plus de bras à la disposition de l'Etat envahisseur, le dispense d'exiger des habitants des travaux contraires à leurs devoirs envers leur patrie. C'est ensuite lorsque l'envahisseur, ignorant les chemins qu'il doit suivre, exige d'un ou plusieurs habitants qu'ils lui servent de guides. Nous avons déjà dit plus haut ce que nous pensions de la triste situation faite au malheureux que l'ennemi prend pour guide ; on dit pour justifier cette réquisition, que celui qui y obéit ne commet pas une hostilité directe et immédiate contre ses nationaux. C'est là un raisonnement plus spécieux que solide, car trop souvent celui qui guide l'armée d'invasion commet un acte aussi préjudiciable à sa patrie que s'il combattait dans les rangs ennemis. Quoi qu'il en soit, c'est un usage établi actuellement et nul belligérant ne renoncerait à s'en prévaloir. Espérons que le développement des sciences statistiques et géographiques tendra, sinon à supprimer, du moins à diminuer dans les guerres européennes cette pratique barbare. L'armée bien organisée d'un Etat vraiment civilisé ne doit pas avoir besoin d'y recourir.

3° L'occupant ne peut sous aucun prétexte s'emparer des personnes inoffensives ; il ne peut les contraindre à accompagner ses convois pour les protéger contre les attaques de leurs compatriotes ; enfin il ne peut les obliger à circuler sur les chemins de fer afin que leur présence arrête les tentatives de l'ennemi qui voudrait détruire les voies et provoquer des déraillements.

Nous faisons ici allusion à une pratique peu recommandable employée fréquemment par les Allemands en 1870, la *prise d'otages*.

Les otages étaient autrefois des officiers ou autres personnes de marque, qui étaient livrés à l'ennemi en garantie de l'exécution de certains engagements tels que capitulation, armistice, échange de prisonniers, contribution de guerre, etc. (1).

On se croyait jadis autorisé à mettre les otages à mort en cas de non-exécution des traités. Le droit international ne reconnaît plus cet usage et le considère comme une acte de barbarie. Plus tard ils furent, en fait, assimilés à des prisonniers de guerre et traités comme tels. « A mesure que les progrès de la civilisation et le frein salutaire des lois morales ont pesé davantage sur les relations privées comme sur celles de peuple à peuple, dit M. Calvo, le système barbare des otages est allé s'affaiblissant ; il a même fini par disparaître devant la réprobation universelle qui a frappé les actes de cruauté et de criante injustice dont son emploi avait été si souvent marqué. De nos jours c'est à peine si l'on en retrouve encore l'usage parmi certaines peuplades sauvages de l'Amérique et de l'Océanie. »

C'est cependant cette pratique odieuse si justement flétrie dans le passage que nous venons de citer, qui

____

(1) Voyez Calvo, *op. cit.*, t. II, p. 149.

a reçu fréquemment son application dans la guerre franco-allemande. Ainsi, à Saint-Quentin, lors de l'entrée des troupes prussiennes, deux membres de la municipalité furent pris comme otages (1).

Autre exemple : Quarante capitaines de navires marchands prussiens, capturés par des croiseurs français, ayant été internés à Clermont-Ferrand, les Allemands firent, le 2 et le 3 décembre, par mesure de représailles, arrêter quarante personnes notables de Dijon, de Gray et de Vesoul, qui furent emmenées à Brême ; parmi elles se trouvait M. le baron Thénard, membre de l'Académie, des sciences.

Un autre emploi des otages, plus répréhensible encore, inventé par les Allemands, est celui de les placer sur les locomotives des chemins de fer comme « *une sorte de blindage humain* » pour empêcher les déraillements. Au mois d'octobre 1870, le commandant prussien à Toul publiait : « Les accidents arrivant souvent sur les chemins de fer, soit qu'on éloigne les rails, soit qu'on place des pierres, font prendre aux armées allemandes les résolutions suivantes : un citoyen *choisi* dans la ville sera *forcé* de monter sur *chaque* train. *On le placera sur la machine au point le plus dangereux, afin que les habitants apprennent que leurs concitoyens seront victimes des dégâts commis sur les chemins de fer* (2). » Les notables de Nancy de-

___

(1) Circulaire de M. de Chaudordy (26 décembre 1870). — Calvo, *op. cit.*, p. 151.

(2) Voyez : Arrêté du marquis de Villers, commissaire civil de la Lorraine, en date du 18 octobre ; ordre du commissaire civil de Reims, du 2 novembre.

vaient accompagner jusqu'à Toul, ceux de Toul jusqu'à Commercy, ceux de Commercy jusqu'à Bar-le-Duc et ainsi de suite. Ce service fonctionna longtemps et, en cas de résistance, les gendarmes intervenaient (1). Les auteurs allemands eux-mêmes reconnaissent qu'il y a là un abus inqualifiable. « Ce mode de procéder, dit M. Bluntschli, est d'autant plus critiquable, qu'il compromet la vie de citoyens paisibles, sans qu'il y ait faute de leur part, et, de plus, sans procurer un sérieux accroissement de sécurité. Les fanatiques, qui enlevaient les rails ou cherchaient à empêcher la circulation sur les voies ferrées, tenaient peu compte de la vie des notables, qui étaient parfois pour eux un objet de haine (2) ».

---

(1) Un président de la Cour de Nancy ayant refusé de suivre ainsi le convoi, fut amené sur la locomotive par quatre gendarmes.

(2) Voyez Rolin-Jacquemyns (*Revue de droit intern. de Gand*, II, 338).

TITRE III.

SUSPENSION PROVISOIRE DES HOSTILITÉS,

Les nécessités de la guerre obligent parfois les belligérants à entretenir certaines relations que les anciens appelaient : *Commercia belli* (1).

Sur quelles bases pourront-ils s'entendre ; quelle garantie, quelle sauvegarde répondra de l'exécution des conventions intervenues?

A ces questions, la réponse est facile.

La guerre ayant brisé tous les liens de droit qui, d'ordinaire, font la sécurité des relations, il ne reste ici debout que les principes supérieurs aux luttes humaines, c'est-à-dire la bonne foi, l'honneur et le respect de la parole donnée. *Fides etiam hosti servanda est*, disait saint Augustin (2), et après lui Heffter, commentant cette parole, ajoute : « Toutes les nations civilisées admettent aujourd'hui le principe que

---

(1) Virgile, *Enéide*, liv. X, vers 532.

(2) « Fides enim, quando promittitur, etiam hosti servanda est, contra quem bellum geritur, quanto magis amico pro quo pugnatur? Pacem habere debet voluntas, bellum necessitas, ut liberet Deus a necessitate et conservet in pace. Non enim pax quæritur, ut bellum excitetur, sed bellum geritur, ut pax acquiratur. » (Augustinus).

les traités et les promesses obligent même en guerre
et entre ennemis, et qu'on doit, tant qu'il y a possibilité, les exécuter de bonne foi. Il est défendu surtout d'abuser au préjudice de l'ennemi de la confiance par lui témoignée. Violer la foi donnée, c'est
l'autoriser à exiger une satisfaction éclatante, c'est
encourir une flétrissure devant l'aréopage international de l'opinion publique. »

Les principales conventions qui peuvent être conclues entre belligérants sont relatives (outre les cartels
d'échange dont nous avons parlé plus haut) : 1° aux
sauf-conduits et sauvegardes ; 2° aux parlementaires ;
3° aux suspensions d'armes et armistices ; 4° aux capitulations.

Avant d'entrer dans le détail de chacune d'elles, il
convient de poser les principes généraux qui doivent
les régir.

Il faut pour leur existence comme pour celle des
contrats ordinaires : *a*, le consentement ; *b*, la capacité ; *c*, un objet licite.

a. Consentement. — Dans le droit de la guerre
comme dans le droit civil, une convention n'existe
que par le consentement des parties contractantes.
Qu'elle soit simplement verbale, ou constatée par un
écrit, peu importe ; elle devient parfaite à l'instant
même où s'établit le concours des volontés, c'est-à-
dire la manifestation du consentement. Ainsi, supposons que la guerre finisse après la signature d'une
capitulation, mais avant que le vainqueur ait pris
possession du matériel, etc., la cessation générale des
hostilités ne l'empêchera pas, à moins de stipulations

expresses arrêtées entre les belligérants, de retirer le bénéfice de la capitulation devenue antérieurement définitive.

En droit civil, il y a ce que l'on appelle les vices du consentement ; c'est ainsi que le dol, l'erreur, la lésion et la violence peuvent, dans certains cas, soit entraîner l'annulation du contrat, soit même empêcher son existence. Ici, rien de tout cela n'est à considérer, c'est à chacun des contractants à peser mûrement les motifs qui le font agir ; il n'aura qu'à s'en prendre à lui-même s'il se trompe, s'il se détermine à la légère ou se laisse abuser par les ruses de son adversaire.

b. Capacité. — Une convention n'est valable que si elle intervient entre chefs militaires munis de pouvoirs suffisants. Cette capacité doit exister au moment des négociations entreprises ; c'est aux contractants qu'en appartient l'appréciation réciproque. En principe, les commandants ou chefs des corps en présence tiennent, de leur position même, le pouvoir de faire tout ce qu'ils jugent utile à la conduite des opérations militaires et le droit de disposer du sort immédiat des troupes et des populations placées sous leurs ordres.

c. Objet licite. — Cette capacité des commandants d'armée a des limites qu'ils ne peuvent dépasser. Toute clause dont l'objet excède les pouvoirs des signataires ne peut valoir, dans une convention militaire, à moins de ratification postérieure du pouvoir souverain. Par exemple, un général ne pourrait traiter d'une cession définitive de territoire ou d'une

modification dans le régime constitutionnel du pays,
souscrire la reddition d'une place non soumise à son
commandement, etc. Tout cela serait en dehors de
ses attributions et les arrangements qu'il aurait négo-
ciés sur de pareils sujets ne lieraient pas son gouvernement.

Ces principes généraux posés, passons à l'étude des
principales conventions militaires :

1° *Sauf-conduits et sauvegardes.* — Lorsque l'intérêt
de l'armée ou l'intérêt de l'Etat exige que certaines
personnes puissent circuler librement entre les lignes
d'une armée, il leur est délivré un sauf-conduit par
les autorités militaires. La validité du sauf-conduit
ne dépend pas de la personne qui l'accorde, mais bien
de son caractère officiel, de sa position et de ses pouvoirs. Il n'est valable que pour la personne qui y est
désignée, et n'est pas transmissible. M. Bluntschli
(règle 676) fait remarquer avec raison qu'il peut cependant s'appliquer à la famille, suite, etc., de la personne à laquelle il est accordé, pourvu qu'il soit
conçu en termes généraux, et que des personnes plus
dangereuses que le porteur du sauf-conduit ne puissent pas profiter du bénéfice de cette formule générale. Le sauf-conduit n'a de valeur que sur le territoire occupé par l'armée qui l'a accordé, et n'a aucun
effet en dehors de ce territoire. S'il a été accordé pour
un délai déterminé, il perd sa valeur par l'expiration
de ce délai ; à moins que des circonstances de force
majeure n'aient empêché d'en profiter à temps, auquel cas on devra, s'il est possible, se conformer à

l'esprit plutôt qu'à la lettre de l'écrit, et protéger le porteur (1).

On entend généralement par *sauvegarde* une protection spéciale accordée aux personnes ou aux propriétés, lorsqu'il y a à craindre qu'elles ne soient pas suffisamment garanties par les coutumes de la guerre et la discipline des soldats. L'antiquité nous a transmis plusieurs conventions de ce genre, et les privilèges qui en résultaient avaient encore plus de prix alors qu'aujourd'hui, puisque les anciens ne respectaient en guerre ni les habitants du territoire ennemi ni leurs biens.

L'ordonnance du 3 mai 1832 sur le service des armées en campagne contient un titre spécial relatif aux sauvegardes. Il dispose qu'on peut organiser à l'avance dans les armées des compagnies de sauvegardes, composées autant que possible d'officiers et de sous-officiers tirés des troupes d'élite et de la gendarmerie. A défaut de ces compagnies constituées dès le début des opérations, les généraux s'empressent de donner des sauvegardes provisoires tirées des régiments, aux hôpitaux, aux établissements publics, aux pensionnats, aux communautés religieuses, aux ministres des cultes, aux maisons de poste et aux moulins. Ils sont autorisés à en donner aux particuliers qu'il est dans l'intérêt de l'armée de faire respecter. Les sauvegardes emploient, si cela est nécessaire, des gens du pays pour les seconder ; le pays est respon-

---

(1) *Bluntschli*, règles 677 et 678.

sable des violences qu'elles pourraient éprouver de la part des habitants.

Il est aussi donné des sauvegardes écrites ou imprimées, signées du commandant en chef, contre-signées du chef de l'état-major et portant le cachet de l'état-major général. Les sauvegardes de ce genre, présentées aux troupes, doivent être respectées comme une sentinelle. Elles sont numérotées et enregistrées (1).

2° *Parlementaires*. — Les coutumes de la guerre permettent aux commandants des troupes en présence d'entrer en relations. On désigne sous le nom de parlementaire toute personne, militaire ou non, qui est désignée par l'un des belligérants pour entrer en pourparlers avec l'autre.

Les parlementaires indiquent le caractère dont ils sont revêtus par des signes extérieurs perceptibles à distance; ils sont ordinairement accompagnés d'un clairon ou d'un tambour, et s'annoncent de loin par un drapeau blanc. Les parlementaires et leurs assistants sont considérés comme personnes inviolables et sacrées; on ne doit ni tirer sur eux, ni user de violence à leur égard, ni les faire prisonniers. Quiconque blesse ou tue volontairement un parlementaire porteur des insignes de sa mission, se rend coupable d'une violation flagrante des lois de la guerre. Mais, pour qu'il y ait culpabilité, il faut que le fait incriminé ait été commis avec intention. Pendant le com-

---

(1) Ordonnance du 3 mai 1832, titre XVIII.

bat, par exemple, on ne peut être sûr de rien ; si donc
un parlementaire pendant l'action vient à être blessé
ou tué par une balle égarée ou par un soldat ignorant
ou inintelligent, il n'y a pas faute qui entraîne la
responsabilité du belligérant. « S'il n'y a pas eu
mauvaise foi, dit M. Bluntschli, si le tout n'est qu'un
déplorable accident, on ne peut faire à l'ennemi un
crime de la mort du parlementaire. »

Après avoir posé cette règle si sage, le jurisconsulte allemand ne craint pas de formuler quelques
lignes plus loin contre les troupes françaises cette
grave accusation : « Pendant la guerre franco-allemande, il a été à diverses reprises fait feu sur des
officiers allemands envoyés en parlementaires, ainsi
que sur les trompettes dont ils étaient accompagnés.
Le comte Thile en fit l'objet de protestations auprès
des puisssances, les 15 et 25 août 1870, et le comte
de Bismarck dut en faire l'objet de négociations
(27 décembre 1870) avec le général Trochu (2 janvier 1871). Les troupes manquaient évidemment des
connaissances suffisantes en droit international » (1).

Nous ne relèverons pas cette accusation d'ignorance
qui revient si complaisamment sous la plume de
M. Bluntschli, nous n'opposerons même pas aux
accusations prussiennes les reproches analogues for-
mulés par le gouvernement français pour des atteintes à l'inviolabilité des parlementaires (2) ; nous

---

(1) Voy. Bluntschli, *op. cit.*, règle 684 note *in fine*.
(2) Voyez : *Journal officiel*, 14 janvier 1871. — *La Liberté* du 15.
— *Journal des Débats* et *Moniteur* des 19 et 20 janvier 1871.

croyons qu'il est plus sage d'admettre que dans les faits cités il y a eu, non pas perfidie, attaque et blessures volontaires, mais bien plutôt de ces méprises et de ces accidents fréquents à la guerre, et desquels on ne saurait, sans mauvaise foi, s'armer pour attaquer la loyauté de son adversaire.

Les troupes qui reçoivent un parlementaire sont naturellement autorisées à prendre des précautions pour n'avoir pas à souffrir des observations qu'il pourrait recueillir sur son passage. L'ordonnance du 3 mai 1832 dit à ce sujet : « Les trompettes et les parlementaires de l'ennemi ne dépassent jamais les premières sentinelles ; ils sont tournés du côté opposé au poste et à l'armée, on leur bande les yeux, s'il en est besoin. Un sous-officier reste avec eux, pour exiger que ces dispositions soient observées, pour tâcher de tromper leur curiosité par des réponses adroites, et prévenir l'indiscrétion des sentinelles. Le commandant de la grand'garde donne reçu des dépêches, et les expédie immédiatement ; il congédie sur-le-champ le parlementaire.

« Il est cependant des cas où le parlementaire doit être retenu temporairement par exemple, quand il a pu recueillir des renseignements qu'il importe de tenir cachés à l'ennemi, ou qu'il a surpris l'armée dans l'exécution de quelque mouvement » (1).

Il arrive parfois que des individus font usage du drapeau parlementaire pour obtenir subrepticement des renseignements militaires, ils seront, si le fait

---

(1) Ordonnance du 3 mai 1832, art. 94.

est prouvé, considérés comme espions. Mais, disent les institutions américaines, « la personne du parlementaire est tellement sacrée, et il est si nécessaire qu'il en soit ainsi, que malgré tout ce qu'il y a d'odieux dans l'abus qui peut être fait de ce caractère, il faut procéder avec une grande prudence quand il s'agit de convaincre d'espionnage le porteur du drapeau parlementaire. » En outre, les mesures de rigueur prises contre lui et les motifs qui en auront déterminé l'application devront toujours être portés sans retard à la connaissance de l'ennemi.

Il peut se faire aussi que des parlementaires soient envoyés simplement dans le but d'amuser l'ennemi, de retarder ses progrès et de gagner du temps ; il s'ensuit que les chefs militaires ne sont pas tenus de recevoir, en tout temps et en toute circonstance, les parlementaires de l'ennemi ; ils peuvent et doivent même les refuser s'ils ont des soupçons ou s'ils se présentent pendant le combat. « Le porteur d'un drapeau parlementaire ne peut exiger d'être reçu, disent les instructions américaines. Il ne faut jamais l'admettre qu'avec les plus grandes précautions. La répétition sans nécessité de ces admissions doit être évitée avec soin. Si le porteur d'un drapeau parlementaire se présente pendant un engagement, il peut être admis, mais par exception et très rarement. Il n'est pas nécessaire de faire cesser le feu aussitôt qu'on aperçoit un drapeau parlementaire au moment de l'action » (1). Cette règle est fort juste, car si l'on

---

(1) « Si c'est pendant le combat qu'un parlementaire doit aller

était forcé de suspendre le combat à l'instant où le parlementaire se montre, on risquerait de compromettre la victoire au moment décisif ou de paralyser la poursuite.

3° *Suspensions d'armes et armistices.* — Parmi les transactions entre belligérants, une des plus élémentaires est celle qui, sans mettre un terme définitif aux hostilités, les suspend pour un temps déterminé.

Au moyen âge on avait la *trêve de Dieu* (1), de nos jours on a la *suspension d'armes* et *l'armistice*. Bien qu'ayant toutes deux pour effet l'interruption des actes de guerre, ces conventions doivent être soigneusement distinguées l'une de l'autre afin d'éviter toute confusion.

La suspension d'armes est une convention essentiellement militaire qui intervient, pour une très courte durée, entre chefs de corps ou de détachements

---

vers l'ennemi, la troupe, des rangs de laquelle il sort, s'arrête et cesse le feu. Il marche au pas dans la direction du chef de la troupe adverse, à distance convenable, remet le sabre au fourreau et élève son mouchoir ou son drapeau. Si on ne lui fait pas signe de se retirer, si on cesse aussi le feu devant lui, il continue de s'approcher et exécute les ordres qu'il a reçus. » (*Maréchal Bugeaud*).

(1) On appelait trêve de Dieu (*treuga Dei*) le pacte tacite qui, dans les guerres entre peuples chrétiens, amenait au moyen âge la cessation des hostilités pendant les fêtes religieuses. On restreignait ainsi les combats incessants et sauvages entre les villes et les seigneurs. « Cette suspension de plein droit, dit M. Achille Morin, ne faisait cesser que la lutte armée et seulement pour le temps férié. Il en est autrement aujourd'hui, de notables batailles ont même commencé un jour de fête religieuse, sans qu'il parût y avoir d'opposition par aucune règle de droit international; et les Allemands, quoiqu'ils lisent la Bible le dimanche, ont bombardé Paris un tel jour comme les autres. »

opposés, et dont les effets ne s'appliquent qu'à des points déterminés du théâtre de la lutte. Elle se conclut pour régler des intérêts pressants mais limités, tels que l'enlèvement des blessés, l'enterrement des morts, la célébration d'une cérémonie funèbre (1) ou religieuse, etc., soit pour permettre au commandant des troupes, qui le juge nécessaire, de demander et de recevoir des ordres de ses supérieurs. Ces sortes de suspensions d'armes sont en général demandées et accordées par parlementaires; les suspensions tacites sont possibles (dit M. Bluntschli), mais peu sûres parce qu'elles ne reposent par sur un traité (2).

L'armistice est une convention plus générale, d'une durée plus longue, d'un caractère à la fois politique et militaire, par laquelle les belligérants conviennent de suspendre les hostilités. Il est négocié et conclu, soit par les chefs d'armée, soit par les représentants diplomatiques délégués à cet effet par les gouvernements respectifs dont il faut dans tous les cas la ratification.

On voit par cette définition que l'armistice ne doit pas être confondu avec la simple suspension d'armes;

---

(1) On peut citer comme exemple, la suspension d'armes qui fut demandée et accordée en 1796 pour les funérailles du général Marceau.

(2) On peut citer comme exemple de suspension d'armes tacite l'accord intervenu pendant la Commune, pour permettre aux habitants de Neuilly de quitter leurs demeures bombardées; remarquons cependant que cet exemple n'est pas très concluant, car, comme il s'agissait d'une guerre civile, le gouvernement régulier ne pouvait conclure de convention formelle avec les insurgés de Paris.

ce qui accentue encore la différence, c'est que l'armistice, sorte de trêve générale, est obligatoire sur tout le théâtre de la guerre, pour tous les Etats belligérants et leurs ressortissants, tandis que la suspension d'armes a des effets limités à une certaine étendue de territoire ou à certains corps de troupe.

Ces distinctions établies, indiquons les règles ordinaires de ces sortes de conventions et les effets qu'elles produisent (1).

L'armistice, aussitôt qu'il est conclu, lie les parties contractantes qui sont et demeurent responsables de l'exécution des clauses par elles souscrites; mais il n'oblige les combattants que lorsqu'il est connu d'eux. Aussi les commandants sont-ils tenus de le porter sans retard à la connaissance des troupes, afin d'éviter des erreurs regrettables. En 1871, le général Clinchant, commandant en chef de l'armée de l'Est, reçut bien avis de l'armistice général franco-allemand qui venait d'être conclu, mais on négligea de lui dire que son armée avait été exceptée de la convention; il suspendit donc la retraite de ses troupes, et cet arrêt permit au général de Manteuffel de l'envelopper et de l'obliger à se réfugier en Suisse.

Les conditions de l'armistice doivent être soigneusement et nettement établies par les belligérants afin que chacun sache bien ce qu'il devra s'interdire et ce qu'il pourra se permettre, les clauses du traité faisant ici la loi des parties. A défaut de conventions

----

(1) Les règles qui suivent sont communes à la suspension d'armes et à l'armistice.

particulières, l'armistice a toujours, d'après les lois et usages de la guerre, les effets suivants :

Pendant sa durée, les combattants doivent cesser le feu, ne plus gagner de terrain, s'interdire toute attaque et toute reconnaissance au delà des lignes, s'abstenir de tout acte de violence contre l'ennemi.

Il est plus difficile de déterminer exactement les mesures défensives interdites ou permises pendant la trêve. Dans une première opinion, on soutient que chacun des adversaires conserve la faculté de faire des mouvements de troupes en deçà des lignes, de lever des recrues, de construire des retranchements, de réparer les brèches, d'établir de nouvelles batteries, en un mot de mettre à profit le temps et les moyens dont il dispose pour se préparer à la reprise des hostilités. Ce système, il faut bien le reconnaître, a pour lui l'expérience des dernières guerres; en revanche, il est vivement combattu par la doctrine, et presqu'universellement rejeté par les auteurs (1). « Les parties belligérantes, dit M. Pasquale Fiore, doivent conserver leurs positions respectives dans le *statu quo*, sans rien faire de tout ce que l'ennemi aurait intérêt d'empêcher, et que sans la trêve il aurait probablement empêché. » M. Bluntschli, dans sa règle 691, pose le même principe; d'après lui, chaque partie est autorisée à faire pendant la suspension d'armes ou l'armistice, et sur le territoire qu'elle occupe, tout ce qu'elle aurait la faculté de faire en

---

(1) Voyez : Pasquale Fiore, t. II, p. 355. — Calvo, *op. cit.*, t. II, p. 284. — Bluntschli, règle 691, etc.

temps de paix, à l'exception des opérations militaires que l'ennemi pourrait empêcher si la lutte durait encore. Chacun des belligérants peut donc lever de nouvelles troupes et les concentrer, préparer des nouveaux armements et fortifier ses places, pourvu que ce soit loin du théâtre de la guerre; car l'ennemi n'aurait pu s'y opposer si les hostilités eussent continué. Par contre il ne peut profiter de la trêve pour exécuter des travaux ou des mouvements de troupes que l'ennemi aurait été en mesure d'empêcher; autrement l'armistice, au lieu d'être une vraie suspension des hostilités, aurait pour effet de favoriser un des belligérants au détriment de l'autre. Ainsi, par exemple, si l'un des adversaires est dans une position désavantageuse d'où il n'aurait pu se retirer sans rencontrer la résistance de l'ennemi, il ne lui sera pas permis de profiter de la trêve pour abandonner cette position et en prendre une meilleure. Ou bien encore, lorsque la brèche a été ouverte dans une ville et que l'assaut n'a été renvoyé qu'à cause de l'armistice, l'assiégé ne peut réparer la brèche ou construire de nouveaux ouvrages, puisqu'il n'aurait pu le faire si les hostilités n'avaient pas été suspendues. De son côté l'assiégeant ne pourra pas continuer les travaux de siège et serrer davantage la place, puisque l'artillerie ennemie l'en eût empêché (1).

____

(1) Les Instructions américaines, art. 143, disent à ce sujet : « Quand un armistice est conclu entre une place fortifiée et l'armée qui l'assiège..... comme il y a divergence entre les jurisconsultes

M. Calvo enseigne qu'il faut également regarder comme une violation des engagements contractés l'admission des déserteurs dans les camps respectifs pendant la trêve.

Une intéressante et délicate question se pose sur cette matière, c'est celle du ravitaillement des places assiégées. La plupart du temps cette question fait l'objet de stipulations spéciales dans la convention d'armistice. Supposons qu'il n'y ait rien eu de fixé à ce sujet, et demandons-nous ce qui arrivera en pareil cas. — Il est bien évident d'abord, qu'en vertu du principe qu'il n'est pas permis de profiter de la trêve pour faire quelque chose que l'ennemi aurait été en mesure d'empêcher, le ravitaillement devra être interdit à une place assiégée. « La garnison, dit Wheaton, ne peut profiter d'une trêve pour introduire des provisions ou des secours dans la place par les passages ou les autres moyens que l'armée assiégeant aurait pu rompre ou empêcher, si les hostilités n'avaient pas été interrompues par l'armistice (1). »

Qu'arrivera-t-il si l'assiégé, ne pouvant de lui-même chercher à se procurer des vivres sans violer l'armistice, en réclame de l'ennemi ? — MM. Brentano et Sorel (2) établissent que ce n'est pas un de-

---

sur la question de savoir si l'assiégé a le droit de réparer ses brèches ou d'élever de nouveaux ouvrages de défense dans l'intérieur de la place pendant l'armistice, cette question doit être résolue, dans chaque cas, par un accord exprès entre les parties contractantes. »

(1) Wheaton, *Elém.*, pie, 4 chap. 2.
(2) *Op. cit.*, p. 304,

voir pour l'assiégeant d'accorder cette demande,
« car il n'a aucun devoir à l'égard de son adversaire; il n'a de devoir qu'envers lui-même et envers
ses propres sujets, et ce devoir lui impose de terminer la guerre le plus promptement possible. Si le
refus du ravitaillement lui paraît de nature à faciliter
la victoire il le refuse, c'est une nécessité de la
guerre; s'il considère que le ravitaillement ne modi-
fiera point le rapport des forces respectives, l'humanité lui conseille de l'accorder, et en l'accordant il
se conforme à la coutume de la guerre qui interdit
les cruautés inutiles. » Moins imbus de l'idée qu'à
la guerre la nécessité prime tous les droits et justifie
tous les moyens, d'autres auteurs, notamment
Calvo (1), indiquent une manière de procéder dif-
férente. On peut, en effet, concilier les intérêts de
l'humanité et ceux de la guerre en accordant, non
pas un ravitaillement complet, mais un ravitaillement proportionnel, de façon qu'au jour où cessera
l'armistice les assiégés se retrouvent, sous le rapport
des vivres, dans la même situation qu'au jour où il
a été conclu; ce qui est de tous points conforme à la
théorie du *statu quo* qui est la base des conventions
d'armistice. — C'est ainsi qu'en 1801 l'armistice de
Trévise régla le ravitaillement partiel de la ville de
Mantoue. « La forteresse de Mantoue, y est-il dit,
restera bloquée par les postes français, qui se tien-

---

(1) Lire également dans la *Revue des Deux-Mondes*, du 15 déc.
1870, un intéressant article de M. de Bourgoing : *Du ravitaillement dans les armistices.*

drônt à 800 toises de l'esplanade. Il sera permis d'y envoyer des vivres pour la garnison de dix jours en dix jours. Ils seront fixés à 15,000 rations de farine, 1,500 de fourrage, et les autres denrées à proportion. Les habitants auront la faculté de faire venir de temps en temps les vivres qui leur seront nécessaires; mais l'armée française sera libre de prendre les mesures qu'elle jugera convenables pour empêcher que la quantité n'excède la consommation journalière estimée en raison de la population. »

En 1870, lors de la proposition d'armistice faite par les puissances neutres, M. de Bismarck repoussa la condition du ravitaillement proportionnel de Paris, et ce refus mit fin aux pourparlers. M. Jules Favre dans sa circulaire du 7 novembre à l'Angleterre, à la Russie, à l'Autriche et à l'Italie, fait ressortir l'injustice de ce refus. « L'armistice sans ravitaillement, écrit-il, c'est la capitulation à terme fixe, sans honneur et sans espoir. Pour une ville investie les vivres sont un élément de défense, les lui enlever sans compensation, c'est créer une inégalité contraire à la justice. La Prusse oserait-elle nous demander d'abattre par son canon un pan de nos murailles, sans nous permettre de lui résister? Elle nous mettrait dans une situation plus mauvaise encore en nous obligeant à consommer un mois sans nous battre, alors que, vivant sur notre sol, elle attendrait pour reprendre la guerre que nous fussions harcelés par la famine (1). »

____

(1) Comme on en peut juger, dit M. Calvo, Paris se trouvait dans

M. Bluntschli établit dans sa règle 695 que lorsqu'une des parties ne respecte pas les conditions expresses ou tacites de l'armistice, l'adversaire peut se considérer comme dégagé et, à moins de stipulations contraires, recommencer immédiatement les hostilités sans *dénonciation préalable.*

Cette règle est trop générale et, dans l'application, conduirait à de graves abus.

Il est évident que s'il s'agit d'une attaque tentée par l'une des parties au mépris de la parole donnée, l'autre est certainement fondée à repousser l'agression, puis à prendre l'offensive sans formalité préalable. Hors ce cas d'urgence, nous croyons qu'il est nécessaire de dénoncer la convention avant de reprendre les hostilités ; bien plus, nous sommes d'avis qu'entre la dénonciation et cette reprise il faut laisser un délai suffisant pour que l'adversaire puisse prévenir ses troupes. Il y aurait perfidie à rompre l'armistice sous un prétexte plus ou moins justifié et à surprendre ainsi l'ennemi sans lui donner le temps de se mettre sur ses gardes.

Les violations de l'armistice, lorsqu'elles sont le fait de soldats isolés ou d'habitants du pays agissant

---

une situation analogue à celle de Mantoue ; il eût donc été facile, toutes proportions gardées, de prendre le texte de l'armistice de Trévise pour modèle de la rédaction des conditions de la trêve proposée au mois de novembre 1870. Ajoutons qu'en 1866, après Sadowa, les Prussiens, dans l'armistice du 26 juillet, consentirent au ravitaillement de quatre places fortes, parmi lesquelles était la ville d'Olmutz, qui eut même une faculté de ravitaillement presque illimitée.

sans ordres, ne sont pas un motif suffisant pour dénoncer la convention, mais elles doivent être réprimées sévèrement par l'autorité, et l'Etat qui en a souffert peut réclamer une indemnité pour le dommage subi.

Afin d'éviter les occasions de rencontre pendant la suspension d'armes, ou l'armistice, les parties contractantes doivent avoir soin de régler les questions relatives aux rapports, non seulement des troupes entre elles, mais encore de ces dernières avec la population. Pour avoir une plus grande liberté de mouvements et empêcher en même temps les frottements avec l'ennemi, il est d'usage de stipuler une zone neutre entre les deux armées. C'est ainsi que, par l'article 3 de l'armistice de Versailles du 28 janvier 1871, le terrain entre les forts et la place de Paris fut interdit aux deux armées.

Enfin, on doit déterminer exactement la durée de la convention, puisque, ce délai expiré, l'armistice cesse de lui-même et les hostilités sont reprises, sauf stipulations contraires, sans déclaration préalable. On comprend dès lors l'importance de bien spécifier les jours et les heures destinés à marquer le commencement et la fin de la trêve. « Par jour, dit M. Pasquale Fiore, on doit toujours entendre le jour *naturel* et non le jour *civil*, parce que la manière de compter le jour civil est une convention de droit civil qui peut varier selon les pays. »

Un point qu'il est en outre important de fixer, c'est si, quand on dit l'armistice durera de tel jour à tel jour, on entend employer des journées *franches* ou bien exclure l'un des termes extrêmes ou tous deux à la fois. M. Calvo nous apprend qu'il y a divergence sur ce point entre les auteurs. Ainsi, tandis que Puffendorf et Vattel soutiennent que les dates fixées doivent être l'une et l'autre comprises dans le décompte des jours ; les commissaires anglais dans leur rapport de 1831 sur la pratique des tribunaux du royaume, prétendent que l'on doit exclure le premier jour et compter le dernier.

4° *Capitulations.* — On entend par capitulation (1), une convention militaire qui a pour objet la reddition à l'ennemi, avec ou sans conditions, d'un corps de troupes ou d'une place forte.

a. — *Capitulation en rase campagne.* — Nous trouvons à ce sujet dans le *Mémorial de Sainte-Hélène* le passage suivant : « Les souverains ou la patrie commandent à l'officier inférieur et aux soldats l'obéissance envers leur général et leur supérieur, pour tout ce qui est conforme au bien ou à l'honneur du service. Les armes sont remises au soldat avec le serment militaire de les défendre jusqu'à la mort. Un général a reçu des ordres et des instructions pour

______

(1) On a aussi donné le nom de *capitulations* aux traités conclus entre la France et la Porte-Ottomane en 1536, 1604, 1673 et 1740 ; traités concédant certains privilèges aux Français résidant sur l'empire ottoman, spécialement dans les échelles du Levant.

On appelait encore *capitulations militaires* les traités entre puissances dont l'une s'engageait envers l'autre à lui fournir des troupes auxiliaires. La Suisse, par exemple, a fourni des troupes de ce genre à diverses nations jusqu'à la proclamation de la Constitution helvétique du 12 septembre 1848, qui interdit à l'avenir toute convention de ce genre, même pour le temps de paix.

employer ses troupes à la défense de la patrie; comment peut-il avoir l'autorité d'ordonner à ses soldats de livrer leurs armes et de recevoir des chaînes ! Il n'est presque pas de bataille où quelques compagnies, souvent quelques bataillons, ne soient momentanément cernés dans des maisons, des cimetières, des bois. Le capitaine ou le chef de bataillon qui, une fois le fait constaté qu'il est cerné, ferait sa capitulation, trahirait son prince ou son honneur. Il n'est presque pas de bataille où la conduite tenue dans des circonstances analogues n'ait décidé de la victoire. Or, un lieutenant général est à une armée ce qu'un chef de bataillon est à une division. Les capitulations faites par des corps cernés, soit pendant une bataille, soit pendant une campagne active, sont un contrat dont toutes les clauses avantageuses sont en faveur des individus qui contractent et dont toutes les clauses onéreuses sont pour le prince et les autres soldats de l'armée.

« Se soustraire au péril pour rendre la position de ses camarades plus dangereuse est évidemment une lâcheté. Un soldat qui dirait à un commandant ennemi : « Voilà mon fusil, laissez-moi m'en aller dans mon village, » serait un déserteur en présence de l'ennemi ; les lois le condamneraient à mort. Que fait autre chose le général de division, le chef de bataillon, le capitaine qui dit : « Laissez-moi m'en aller chez moi, ou recevez-moi chez vous, je vous donne mes armes ? »

« Il n'est qu'une manière honorable d'être fait prisonnier de guerre : c'est d'être pris isolément les

armes à la main et lorsqu'on ne peut plus s'en servir. C'est ainsi que furent pris François Ier, le roi
Jean, et tant de braves de toutes les nations. Dans
cette manière de rendre les armes il n'y a pas de condition : il ne saurait y en avoir avec l'honneur ;
c'est la vie que l'on reçoit, parce que l'on est dans
l'impuissance de l'ôter à son ennemi, qui vous la
donne à charge de représailles, parce qu'ainsi le
veut le droit des gens.

« Les dangers d'autoriser les officiers et les généraux à poser les armes en vertu d'une capitulation
particulière, dans une autre position que celle où ils
forment la garnison d'une place forte, sont incon-
testables. C'est détruire l'esprit militaire d'une nation, en affaiblir l'honneur, que d'ouvrir cette porte
aux lâches, aux hommes timides, ou même aux braves égarés. Si les lois militaires prononçaient des
peines afflictives et infamantes contre les généraux,
officiers et soldats qui posent les armes en vertu
d'une capitulation, cet expédient ne se présenterait
jamais à l'esprit des militaires pour sortir d'un pas
fâcheux ; il ne leur resterait de ressource que dans la
valeur ou l'obstination ; et que de choses ne leur a-
t-on pas vu faire ?

« Cent faits de notre histoire montreraient quelles
ressources savent trouver le courage et le génie de
l'homme de guerre lorsque tout semble ainsi perdu
et désespéré. Quel général, par exemple, eût été
plus excusable de capituler que le maréchal Ney,
lorsque, séparé de l'armée, sur les bords du Dniéper,
conduisant sept mille soldats mourant de froid et de

fatigue, réduits à quatre mille en une heure, et cernés par cinquante mille ennemis, il était invité à remettre son épée? Cependant il ne songea, ni à se rendre, ni même à mourir, mais à percer, à se faire jour. Et la fortune seconda son audace, la nuit même il avait échappé à ces colonnes qui l'enveloppaient; il avait franchi le fleuve, sauvé son honneur et celui de l'armée.

« Que doit faire un général qui est cerné par des forces supérieures? Nous ne saurions faire d'autre réponse que celle du vieil Horace. Dans une situation extraordinaire, il faut une résolution extraordinaire; plus la résistance sera opiniâtre, plus on aura de chance d'être secouru ou de percer. Que de choses qui paraissent impossibles ont été faites par des hommes résolus, n'ayant plus d'autres ressources que la mort! Plus vous ferez de résistance, plus vous tuerez de monde à l'ennemi, et moins il en aura le jour même ou le lendemain pour se porter contre les autres corps de l'armée. Cette question ne nous paraît pas susceptible d'une autre solution sans perdre l'esprit militaire d'une nation et s'exposer aux plus grands malheurs. »

En dictant ce passage, que nous avons tenu à donner en entier ici, Napoléon se souvenait de la capitulation du général Dupont à Baylen, le 24 juillet 1808, capitulation qui amena son auteur devant une haute Cour de justice et le fit condamner à la destitution, à la perte de ses titres ou décorations et à la détention dans une prison d'Etat.

Plus tard, lors de la préparation et de la discussion du Code de justice militaire de 1857, ce point fut l'objet d'une vive et brillante discussion ; en voici les principaux passages : « A la guerre, dit le colonel Réguis, il y a telles positions occupées par un corps d'armée, où il ne peut être considéré comme étant en rase campagne, quoiqu'il ne soit pas dans des lignes fortifiées. Ainsi ce corps peut occuper une ville. Comment sera traité le général ou le commandant qui aura capitulé dans ces positions? Il y a, en outre, des capitulations qui sont désastreuses, comme celle de Baylen, par exemple ; mais il y en a d'autres qu'on croit excusables. Ainsi Junot capitulant à Cintra après une défaite, sous la condition que son corps d'armée serait transporté en France et aurait le droit de reprendre immédiatement part à la guerre, signait une capitulation honorable ; aussi le général anglais, pour l'avoir accordée, fut-il mis en jugement. »

A quoi M. de Chasseloup-Laubat répondit : « On réserve au ministre de la guerre la connaissance des cas où il y a lieu de traduire un commandant pour fait de capitulation. Il ne faut pas confondre la capitulation avec le fait de se rendre prisonnier. Un général entouré par des forces supérieures doit faire pour se défendre tout ce que demande l'honneur ; mais lorsqu'il a rempli son devoir militaire, il peut se rendre lui seul prisonnier. » Cette réponse parut décisive et l'on adopta la rédaction suivante reproduite par l'article 210 de notre Code de justice militaire « Tout général, tout commandant d'une troupe armée qui capitule en rase campagne est puni ; 1° de la peine de mort avec dégradation militaire, si la capitulation a eu pour résultat de faire poser les armes à sa troupe, ou si, avant de traiter verbalement ou par écrit, il n'a pas fait tout ce qui lui prescrivent le devoir et l'honneur ; 2° de la destitution, dans tous les autres cas (1). »

b. Capitulation de place forte. — Le principe fondamental est que le commandant d'une place assiégée doit la défendre jusqu'à la dernière extrémité, et il y a dans notre législation militaire des dispositions anciennes à ce sujet. Une circulaire de Louis XIV aux gouverneurs des places, en date du 6 avril 1705, traçant les devoirs qui leur incombaient fut reproduite par les lois de 1792 et 1793.

La loi du 20 brumaire an V punit de mort « tout commandant qui, sans avoir pris l'avis ou contre le vœu de la majorité du conseil militaire, consentirait à la reddition de la place avant que l'ennemi y eût fait brèche praticable ou qu'elle eût soutenu un assaut. »

Nous pourrions citer encore le décret du 24 décembre 1811 sur les places de guerre, et celui du 1er mai 1822 qui le complète, mais la plupart des dispositions qu'ils contiennent se trouvent reproduites dans les règlements actuels auxquels nous arrivons.

Citons d'abord l'article 255 du règlement de 1863 sur les places de guerre qui dit : « Le commandant

---

(1) Procès-verbal de la séance du Corps législatif du 8 mai 1857.

d'une place de guerre ne doit jamais perdre de vue qu'il défend l'un des boulevards de l'empire, l'un des points d'appui de ses armées, et que, de la reddition d'une place, avancée ou retardée d'un seul jour, peut dépendre le salut du pays.

Il doit rester sourd aux bruits répandus par la malveillance et aux nouvelles que l'ennemi lui ferait parvenir, résister à toutes les insinuations et ne pas souffrir que son courage ni celui de la garnison qu'il commande soient ébranlés par les événements (1). »

Art. 256. — « Lorsque le commandant supérieur juge que le dernier terme de la résistance est arrivé, il consulte le conseil de défense sur les moyens de

----

(1) On oublia complètement ces sages prescriptions lorsqu'à Metz, au retour du général Boyer, envoyé en mission à Versailles, on fit faire aux troupes, le 19 octobre 1870, la *communication officielle* dont nous ne citerons que le passage suivant : « Les renseignements recueillis par le général le long de la route auprès des chefs de gare et auprès de diverses personnes, les journaux qu'il a pu rapporter, ne laissent malheureusement subsister aucun doute : l'anarchie la plus complète règne actuellement en France ; Paris investi, affamé, et sans communications extérieures, doit s'ouvrir aux Prussiens dans très peu de jours ; la discorde civile y paralyse la défense ; les membres du Comité de défense nationale ont été débordés..... Le désordre est au comble dans le midi de la France. Le drapeau rouge flotte à Lyon, à Marseille, à Bordeaux. Une armée de volontaires bretons a été défaite du côté d'Orléans. La Normandie parcourue par des bandes de brigands a appelé les Prussiens pour rétablir l'ordre. Le Havre, Elbeuf, Rouen ont actuellement des garnisons prussiennes qui concourent avec la garde nationale à sauvegarder la sécurité publique. Un mouvement d'un caractère religieux a éclaté en Vendée ; le Nord désire ardemment la paix. La Prusse réclame la Lorraine et l'Alsace, et plusieurs milliards d'indemnité de guerre, l'Italie réclame la Savoie, Nice et la Corse. »

prolonger le siège. Les articles 254 et 255 du présent décret sont lus à haute voix ; les opinions des membres du conseil sont ensuite recueillies et consignées au registre des délibérations. Le commandant supérieur, le conseil entendu et la séance levée, prend de lui-même, en suivant l'avis le plus énergique, s'il n'est absolument impraticable, les résolutions que le sentiment de son devoir et de sa responsabilité lui suggère. Dans tous les cas, il décide seul de l'époque et des termes de la capitulation.

Jusque-là il a le moins de communications possible avec l'ennemi ; il n'en tolère aucune. Il ne sort jamais lui-même de la place pour parlementer ; il n'en charge que des officiers dont la fermeté, la présence d'esprit et le dévouement lui sont personnellement connus.

Dans la capitulation, il ne se sépare jamais de ses officiers ni de ses troupes, et il partage leur sort après comme pendant le siège. Il s'occupe surtout du soin d'améliorer le sort du soldat et de stipuler pour les blessés et les malades, toutes les clauses d'exception et de faveur qu'il peut obtenir. »

Quant à la sanction pénale, nous la trouvons dans l'article 209 du Code de justice militaire : « Est puni de mort, avec dégradation militaire, tout gouverneur ou commandant qui, mis en jugement après avis d'un conseil d'enquête, est reconnu coupable d'avoir capitulé avec l'ennemi et rendu la place qui lui était confiée, sans avoir épuisé tous les moyens de défense dont il disposait et sans avoir fait tout ce que prescrivaient le devoir et l'honneur. »

Remarquons toutefois que l'article 157 du même Code réserve au ministre de la guerre le droit de poursuite, à cause de la gravité et du caractère tout spécial du fait, auquel peuvent se rattacher les plus grandes questions d'intérêt public.

Après cet exposé sommaire des dispositions législatives concernant les capitulations, nous devons poser les règles générales admises en cette matière par le droit des gens.

Les capitulations ont, la plupart du temps, pour but d'éviter l'effusion du sang lorsque la résistance est devenue inutile. On indique à l'ennemi l'intention de capituler en arborant un drapeau blanc. Les négociations commencent immédiatement par l'entremise de parlementaires (1).

La bonne foi doit présider à la négociation et à l'exécution d'une pareille convention, aussi bien de la part du vaincu que de celle du vainqueur. Par exemple, lors de la reddition d'une place, il est de règle que les armes, les munitions et les ouvrages de défense doivent être remis à l'ennemi dans l'état où ils se trouvent au moment où la capitulation est signée ; il ne faut donc pas que, dans l'intervalle compris entre la signature et l'exécution, le vaincu détruise les armes, noie les poudres ou endommage les fortifications (2).

---

(1) Voy. Bluntschli, *op. cit.*, règle 697.

(2) Lors de la capitulation de Metz, comme on craignait à bon droit l'exaspération des soldats, on eut soin, pour les empêcher de briser leurs armes, de répandre dans les camps le bruit qu'elles

En fait la capitulation est le plus souvent écrite, mais rien n'empêche qu'elle soit simplement verbale. Elle peut même n'être précédée d'aucune négociation. Telle a été, par exemple, l'honorable capitulation de Phalsbourg, du 12 décembre 1870 : après quatre mois de résistance, n'ayant plus de vivres, le commandant de la place, sur l'avis conforme du conseil de défense, détruisit son artillerie, ses munitions, ses fusils, tout ce que l'ennemi aurait pu utiliser ou présenter comme trophée, puis, l'œuvre de destruction complètement achevée, il fit ouvrir les portes de la place et prévint les assiégeants qu'il se rendait à discrétion. On peut dire que ce n'était certes pas là une capitulation; aussi par une délibération du 12 avril 1872 le conseil d'enquête a exprimé l'avis que le commandant Taillant et son conseil de défense avaient mérité des éloges.

La capitulation existe d'une manière définitive, dès que l'accord des parties est régulièrement établi; et elle ne peut plus être annulée, parce que l'un des contractants aurait été entraîné à la signer par des motifs peu justifiés. C'était à lui à se mieux renseigner; s'il a commis une faute, il en répondra devant la justice de son pays, mais le traité qu'il a signé n'en lie pas moins le gouvernement dont il relève, à moins qu'il n'ait souscrit des obligations qu'il n'avait pas la capacité de contracter. On sait le sort qu'eut le traité honteux, conclu aux *fourches caudines* par les consuls

---

devaient, lors de la paix, faire retour à la France (Voyez les journaux de Metz des 26 et 27 octobre 1870).

romains avec les Samnites. Le Sénat romain le désavoua, considérant qu'il dépassait les pouvoirs des consuls, et que les Samnites devaient le savoir eux-mêmes ; les auteurs de cette capitulation furent livrés et la guerre continua (1).

En l'absence d'une délégation expresse, le commandant d'une place assiégée n'a que les pouvoirs nécessaires à l'exercice de son commandement ; il peut légitimement faire tout ce qui est utile à la poursuite des opérations qu'il dirige, et disposer du sort immédiat des troupes, des populations et des localités placées sous ses ordres. Mais il n'a pas qualité pour traiter de l'attribution définitive de la place qu'il commande, d'une cession de territoire, de la cessation des hostilités sur une partie du territoire située en dehors de son autorité.

De pareilles clauses seraient de nul effet, sans la ratification postérieure du pouvoir souverain. La guerre franco-allemande nous fournit l'exemple suivant : La capitulation de Verdun, du 8 novembre 1870, stipulait la remise à l'Allemagne de la place et du matériel, « sous la condition expresse de faire retour à la France après la conclusion de la paix. » Cette condition dépassait évidemment les pouvoirs des contractants, et ne créait pour les gouvernements respectifs aucune obligation. Aussi le conseil d'enquête, appelé, lors de la paix, à en juger la valeur, a-t-il déclaré avec raison « qu'il n'appartient

____

(1) Tite-Live (*Lib.* XXIV et suiv.).

pas à un commandant de place de prévoir les conséquences d'une guerre et les conditions d'un traité de
paix, qui peuvent annuler les clauses stipulées dans
une capitulation (1). »

Au moyen âge, ceux qui capitulaient et se ren-
daient à merci n'étaient pas même sûrs de leur tête.
Le droit international est devenu plus humain aujourd'hui, et l'on ne reconnaît plus le prétendu *jus
vitæ ac necis*. En cas de capitulation sans condition,
le vainqueur n'est plus autorisé à passer la garnison
au fil de l'épée; les défenseurs de la place doivent
être traités en prisonniers de guerre, et leur résistance, loin d'appeler la vengeance, doit au contraire
leur assurer des conditions plus honorables.

Les nombreuses capitulations de la guerre franco-
allemande de 1870-71 contiennent en général les
conditions suivantes : 1º L'armée vaincue est prisonnière de guerre ; 2º sont exceptés les officiers et
fonctionnaires qui s'engagent sur l'honneur et par
écrit à ne rien faire contre les intérêts allemands
pendant la durée de la guerre (2); 3º remise de tout
le matériel de guerre, et, 4º de la place ; 5º les médecins restent pour soigner les blessés. La capitulation de Sedan (2 septembre 1870) a servi de type.

____

(1) Voyez le *Manuel de droit international*, p. 65 et 66.
(2) Remarquons à ce sujet que le décret du 13 octobre 1863
(art. 256), prescrit aux officiers français de ne pas séparer leur
sort de celui de leurs soldats, et que le conseil d'enquête, institué
après la guerre franco-allemande, a blâmé certains commandants
d'avoir stipulé, au profit de leurs officiers, une exception qui tend
à affaiblir le sentiment du devoir et de la résistance à l'ennemi.

La capitulation de Metz (27 octobre 1870) permettait aux soldats, après la remise de leurs armes, de conserver leurs havresacs, effets personnels et objets de campement, et aux officiers qui préféreraient la captivité à l'engagement d'honneur de ne pas prendre part à la lutte, d'emporter leur épée et ce qui leur appartenait en propre. Les conditions les plus favorables furent accordées à la garnison de Belfort, le 15 février 1871, après la conclusion de l'armistice général : « Art. 1er. La garnison de Belfort quittera la place avec les honneurs de la guerre, et conservera ses armes, ses bagages et le matériel de guerre appartenant à la troupe, ainsi que les archives militaires..... Le matériel appartenant à la place sera « seul » remis. » — La reddition de Paris a été stipulée en même temps que l'armistice général entre les ministres des affaires étrangères des deux pays ; elle a donc aussi un caractère politique plutôt qu'une portée exclusivemeut militaire. (Bluntschli, règle 699).

TITRE IV.

FIN DES HOSTILITÉS. — TRAITÉ DE PAIX.
CONQUÊTE.

« Le but suprême de la guerre est la paix, c'est-à-dire le rétablissement du calme et de la tranquillité, en d'autres termes, des rapports d'amitié et de bonne harmonie entre les nations que les hostilités avaient désunies. » (Calvo).

L'acte qui met un terme à la guerre et qui fait cesser définitivement les hostilités, est le traité de paix.

Le traité de paix est l'acte par lequel les belligérants constatent l'état de leurs forces, règlent, d'après les résultats de la guerre leurs prétentions respectives, et les convertissent en droits. Ici, comme pour la déclaration de guerre, il nous faut distinguer certaines phases préliminaires importantes à étudier.

Les propositions de paix peuvent émaner : 1° De l'un des belligérants, ce sont alors des *ouvertures directes;* 2° d'une tierce puissance, ce sont des *ouvertures indirectes*. Ces ouvertures indirectes, ou *médiation,* sont parfois appuyées, de la part de l'État qui les fait, par une démonstration militaire ayant pour objet de montrer qu'il est décidé, au besoin, à imposer par la force les conditions de paix dont il propose ou recommande l'acceptation. C'est ce que l'on appelle la *médiation armée*.

La médiation armée paraît, dans de certaines limites, pouvoir être justifiée par le droit qu'ont les Etats, non seulement de se défendre eux-mêmes, mais encore de défendre autrui ; mais ce dernier droit, comme nous l'avons établi au début de notre travail, suppose une attaque injuste, et, il faut bien le reconnaître, cette condition justificative essentielle ne se rencontre que bien rarement comme motif déterminant de la médiation. Il est donc plus vrai de dire, d'une manière générale, que la médiation armée ne résulte pas d'un droit et ne crée par elle-même aucun droit; c'est un acte politique dont les gouvernements sont les seuls juges.

Le traité de paix est ordinairement précédé de négociations destinées à régler le différend même qui a conduit à la guerre; c'est ce que l'on appelle les *préliminaires de paix*.

Ces préliminaires contiennent les conditions essentielles de la paix future; lorsqu'ils n'ont pas été précédés d'un armistice, ils en établissent un, ne fût-ce que pour permettre au souverain de donner sa ratification. Cette ratification est essentielle, car l'autorité suprême, investie de la faculté de déclarer la guerre, possède seule aussi celle de signer la paix. Enfin, les préliminaires fixent où, dans quels délais et sous quelles conditions la paix définitive sera négociée et conclue.

Le choix du lieu, où les négociations doivent s'ouvrir et se poursuivre, est un point important à régler;

le plus souvent on choisit le territoire d'une puissance neutre, de sorte que toute présomption de pression ou d'intimidation soit écartée. Ainsi c'est à Bruxelles que furent ouvertes les négociations entre l'Allemagne et la France en 1871, négociations qui furent ensuite continuées à Francfort, où fut finalement conclu le traité de paix du 10 mai 1871.

On peut ramener aux points suivants les clauses générales des traités de paix :

1° Abandon de la part du vaincu, ou de la part des deux parties, en cas de lutte indécise, des prétentions qui avaient conduit à faire la guerre;

2° Cessation absolue des hostilités;

3° Cessation de toute poursuite et de tout acte de répression contre les sujets de l'État envahi poursuivis pour actes de guerre (1) ;

4° Libération des prisonniers de guerre. Cette libération est de droit; seulement, comme il pourrait

---

(1) C'est à tort que l'on a donné à cette cessation de poursuite le nom d'amnistie. L'amnistie implique l'idée du pardon accordé par l'État à ses sujets pour crime ou délit commis envers lui; or, pendant la guerre et pour les crimes et délits que nous supposons, il n'y a entre l'État qui en poursuit la répression et ceux qui en sont coupables que des relations de fait. Le traité de paix faisant cesser ces relations fait cesser en même temps les conséquences qui en résultaient. Puisqu'il ne s'agit en réalité ni de sujets coupables envers l'État dont ils relèvent, ni de crimes ou délits commis par eux envers cet Etat, il ne saurait par suite être question d'amnistie. — Quant aux actes de trahison qui ont pu être commis pendant la guerre par des individus à l'égard de l'État dont ils sont sujets, ces actes étant des crimes pendant la guerre le sont encore quand elle a cessé, et rien ne saurait en empêcher la poursuite et la répression.

y avoir des inconvénients graves à relâcher purement
et simplement les prisonniers, surtout quand ils
sont nombreux, il est d'usage de les reconduire dans
leur pays sous la surveillance des autorités militaires.
Les prisonniers qui sont passibles de peines disci-
plinaires pour insubordination, tentative d'évasion,
ou autres actes tenant uniquement à leur caractère
de prisonniers, ne doivent pas être retenus, car ces
actes n'avaient été réprimés qu'en vertu des nécessités de la guerre, et le pouvoir de l'État qui les re-
tenait cesse avec la guerre (1). En 1871, la Prusse a
gardé en captivité, contrairement à ce principe, les
prisonniers qui, pour infractions à la discipline,
avaient été condamnés par la juridiction militaire.
La France, au contraire, n'a mis aucune réserve au
rapatriement des prisonniers allemands;

5° Rétablissement, renouvellement ou transfor-
mation des traités et conventions qui existaient avant
la guerre. Ils avaient été simplement suspendus par
la déclaration de guerre, le traité de paix annonce
leur remise en vigueur.

Outre ces clauses générales, les traités de paix
contiennent souvent des clauses spéciales, ayant pour
but de régler des questions d'indemnités, d'assurer
plus efficacement par des garanties l'exécution de la
convention, ou d'opérer une cession de territoire.

---

(1) Voyez Calvo, *op. cit.*, p. 551. — Brentano et Sorel, *op. cit.*,
p. 318. — Il faudrait au contraire admettre la retenue des prisonniers coupables d'infractions de droit commun, jugés et condamnés par la justice ordinaire de l'État capteur.

1° *Indemnité de guerre.* — La coutume d'imposer au vaincu le paiement de sommes d'argent s'est singulièrement développée dans les guerres modernes. Si ces indemnités n'avaient pour objet que de payer au vainqueur les frais spéciaux nécessités par la guerre, elles seraient fondées en droit et admissibles en fait; mais il n'en est plus de même quand elles ont pour prétexte de lui fournir une compensation en argent pour les pertes matérielles et morales que la guerre lui a fait subir, de réparer les dommages indirects causés par la lutte, soit à la fortune générale de l'État et à celle des particuliers, soit à la nation par suite des pertes d'hommes valides qu'elle a subies; le calcul en est à peu près impossible, la fixation devient arbitraire et l'on arrive à l'abus. De pareilles contributions n'ont plus d'une véritable indemnité que le nom, et ne sont, en réalité, qu'un moyen d'ajouter aux désastres de la guerre en essayant de réduire financièrement à l'impuissance l'État qu'on a déjà vaincu par les armes. Ce calcul est souvent faux, surtout quand la nation qu'on veut abattre est forte et vivace; nous n'en voulons pour exemple que la France condamnée à payer cinq milliards en 1871 et arrivée aujourd'hui, grâce à son énergie et son patriotisme, à reprendre son rang parmi les grandes puissances européennes.

Quoi qu'il en soit, quand une indemnité de guerre est exigée, le traité de paix qui la fixe indique en même temps le mode de paiement et les garanties d'exécution.

2° *Garanties d'exécution.* — Ces garanties sont, la

plupart du temps, une prise de gage résultant de l'occupation d'une partie du territoire jusqu'à complet paiement de la dette, ou entière exécution des clauses du traité. C'est ainsi, qu'après la paix de Francfort, les Allemands continuèrent à occuper la Champagne et la Lorraine (1).

3° *Cession de territoire.* — Enfin le traité de paix peut spécifier une cession de territoire, c'est la conquête dont il nous reste à parler.

Montesquieu dit quelque part, dans son *Esprit des lois,* que l'objet de la guerre est la victoire, et l'objet de la victoire la conquête. Malheureusement cela n'est souvent que trop vrai, et par suite il importe de bien définir les effets de la conquête et de déterminer les conséquences qui en découlent pour l'État conquérant dans ses rapports avec les populations conquises.

Par le traité de cession, le vaincu renonce à l'exercice de la souveraineté sur le territoire cédé. Cet abandon formel complète le titre de possession résultant de l'occupation, et le territoire occupé passe aux mains du vainqueur avec un titre exactement égal à celui de l'ancien propriétaire.

L'un des effets les plus ordinaires et les plus rationnels de la conquête : c'est d'identifier le territoire conquis avec l'Etat conquérant et de le sou-

---

(1) L'alimentation des troupes restées en France fut mise par le traité de paix à la charge du gouvernement français ; en revanche, toute réquisition en argent ou en nature dans les départements occupés leur fut formellement interdite (art. 4 des préliminaires du 26 fév. 1871 ; art. 8 du traité du 10 mai suivant).

mettre aux mêmes lois et au même gouvernement. Cependant cela n'a pas toujours lieu, c'est ainsi que l'Alsace-Lorraine est placée, encore actuellement, vis-à-vis de l'Allemagne sous un régime exceptionnel et ne partage pas les institutions et la législation du reste de l'Empire.

Nous admettons facilement, avec M. Calvo, qu'il est de droit naturel que la conquête ou la cession régulière d'un territoire délie les habitants de tout serment de soumission envers l'ancien souverain et entraîne la fidélité absolue de leur part envers le nouveau ; mais nous croyons que, de nos jours, ce principe comporte des réserves à la fois plus libérales et plus conformes à l'équité.

Burlamaqui admettait déjà qu'il faut autre chose que le droit de la force pour attribuer la souveraineté, et il y ajoutait le *consentement exprès ou tacite* des populations conquises. Actuellement on reconnaît que les peuples ont seuls le droit de disposer d'eux-mêmes, et qu'un conquérant ne peut retenir sous sa domination contre leur gré les habitants d'un pays conquis.

Ces derniers peuvent manifester leur volonté à cet égard de deux manières :

1° Par un consentement formellement exprimé, c'est le système des plébiscites ;

2° Par un consentement tacite résultant de la continuation du domicile.

1° *Système des plébiscites.* — Ce système a été appliqué en diverses circonstances par la France, notamment sous Napoléon III lors de l'annexion de

Nice et de la Savoie. Peut-on dire que les votes émis en pareille circonstance sont vraiment libres et constituent une sérieuse présomption de droit? La question est très controversée; citons à ce sujet MM. Brentano et Sorel: « On a pensé que le consentement librement exprimé par les populations d'un territoire conquis pouvait conférer un droit immédiat à l'Etat vainqueur, et que le système des plébiscites appliqué aux relations des Etats pouvait être le principe d'un droit des gens nouveau. C'était s'abandonner à une illusion et substituer une théorie abstraite aux notions positives de l'histoire. La véritable souveraineté ne s'acquiert que par prescription, parce que le temps seul forme les traditions communes, les intérêts identiques, les mœurs semblables qui constituent les nations et sur lesquels reposent en réalité les droits des Etats. Les passions politiques, les caprices populaires peuvent dominer un jour, dans l'esprit des hommes d'une génération, l'action de ces causes profondes qui gouvernent la destinée des nations; ces causes n'en continuent pas moins d'exercer leur leur empire aussi longtemps qu'elles n'ont pas été modifiées: c'est pourquoi le plébiscite ne saurait fonder un droit. Le plébiscite qui succède à une cession de territoire nécessitée par la conquête a lieu sous l'influence des passions violentes engendrées par la guerre et soulevées par la conquête; s'il est affirmatif, il ne peut constituer en faveur de la conquête et de l'Etat conquérant qu'un commencement de présomption. S'il était négatif, il ne détruirait pas la conquête qui est un fait, et il ne saurait infirmer le droit que le traité a conféré au vainqueur ; il démontrerait seulement que la conquête ne repose que sur la force, ce qui est le caractère même de la conquête.

2° *Consentement tacite résultant de la continuation du domicile*. — A défaut du consentement formellement exprimé par le vote des populations, on peut admettre, pour les individus, le consentement tacite résultant de la continuation du domicile dans le pays conquis. En effet, les habitants ayant certainement le choix de quitter le pays ou d'y rester, il n'est que juste d'induire, de la permanence de leur séjour, un consentement tacite de fidélité à l'égard de l'Etat conquérant.

Il est d'usage d'introduire dans les traités modernes des clauses relatives à l'option de nationalité. En général ces clauses subordonnent le droit d'option au domicile : les habitants demeurent libres de conserver la nationalité qu'ils avaient avant la guerre, à la condition de transporter leur domicile hors du territoire conquis (1). Un délai est fixé pour l'option et ce délai expiré, ceux qui n'ont pas manifesté d'opinion contraire sont considérés comme ayant opté en faveur du vainqueur (2). Cette présomption favorable

---

(1) Le traité de cession de Nice et de la Savoie à la France, en 1860, permit aux habitants de ces contrées d'opter dans un délai déterminé, sans leur imposer pour cela un changement de domicile.

(2) C'est sur ces bases que l'option a été accordée jusqu'au 1ᵉʳ octobre 1872 aux habitants de l'Alsace-Lorraine par la paix de Francfort (10 mai 1871).

au conquérant est loin d'être toujours fondée, car combien y a-t-il de malheureux que les nécessités de la vie retiennent au pays, alors que leur cœur et leurs aspirations les appellent ailleurs.

Il y a bien encore un troisième mode essayé pour légitimer la conquête, c'est le vote des *représentants* de la population du pays conquis et annexé. Cette forme entre surtout dans les idées anglaises d'après lesquelles la représentation du peuple est toujours préférée à la masse pour l'examen et la décision des affaires publiques. Pour nous qui n'admettons même pas les effets du vote de toute la population, nous nous refusons à plus forte raison, à faire dépendre le sort de la masse du bon plaisir de quelques-uns.

En cette matière d'ailleurs il est bien inutile de se creuser la tête pour chercher à établir des semblants de droits au profit de la conquête; il n'y en a pas, il ne saurait y en avoir. La conquête, fait brutal qui n'a rien de commun avec le droit, est par suite impuissante à le fonder; on peut être forcé de la subir, non de la reconnaître comme moyen légitime d'acquisition.

« A l'égard du droit de conquête, dit Rousseau dans son contrat social, il n'a d'autre fondement que la loi du plus fort. Si la guerre ne donne point au vainqueur le droit de massacrer les peuples vaincus, ce droit qu'il n'a pas ne peut fonder celui de les asservir. On n'a le droit de tuer l'ennemi que quand on ne peut le faire esclave, le droit de le faire esclave ne vient donc pas du droit de tuer : c'est donc un échange inique de lui faire acheter, au prix de sa liberté, sa

vie sur laquelle on n'a aucun droit. En supposant
même ce terrible droit de tout tuer, je dis qu'un esclave fait à la guerre, ou un peuple conquis, n'est
tenu à rien du tout envers son maître qu'à lui obéir
autant qu'il y est forcé. En prenant un équivalent à
sa vie, le vainqueur ne lui en a point fait grâce, au
lieu de le tuer sans fruit, il l'a tué utilement. »

C'est en s'inspirant de ces idées du philosophe de
Genève que les rédacteurs de la constitution française
de 1791 écrivirent dans le titre VI: « La nation française renonce à entreprendre aucune guerre dans la
vue de faire des conquêtes, et n'emploiera jamais ses
forces contre la liberté d'aucun peuple. »

APPENDICE.

DE LA NEUTRALITÉ.

___

Généralités.

Il est assez difficile de donner une définition exacte
et complète de la neutralité, car ce mot représente,
à lui seul, nombre d'idées tout à fait différentes.

Cependant on peut dire d'une façon générale : *La
neutralité c'est la paix constituée en face de la guerre et
respectant ses droits ;* ou bien encore : *La neutralité est
la non-participation à une lutte engagée entre deux ou
plusieurs autres nations* (1).

Nous distinguerons deux espèces de neutralités.

1° Neutralité *de fait*.

2° Neutralité *de droit*.

La neutralité de fait ou de territoire est celle qui
résulte, non de la volonté seule de l'Etat neutre,
mais de conventions ou traités antérieurs. Comme
exemples de neutralité de territoire garantie à l'avance
dans un but d'utilité générale par des traités, citons :
la neutralité de la Suisse, celle de la Belgique et
celle du Luxembourg.

La neutralité de droit est celle d'une nation qui,
ne se laissant entraîner ni par des sympathies, ni par
d'autres considérations, s'abstient de prendre part

___

(1) Calvo, *op. cit.*, p. 317.

aux hostilités engagées entre d'autres. —Pour rester neutre, cette nation n'a pas besoin d'en faire la déclaration, soit par voie diplomatique, soit même seulement dans une publication officielle quelconque, car la neutralité effective s'établit, vis-à-vis des belligérants, par la simple abstention. Néanmoins, ne fût-ce que pour faire connaître, avec la résolution de neutralité, les interdictions qui en dériveront selon le droit public du pays, il sera utile d'en faire l'objet d'un acte du pouvoir exécutif, *ordonnance* ou *arrêté*, spécifiant la situation de l'Etat et les devoirs des nationaux.

C'est ainsi qu'en 1870 la neutralité stricte des grandes puissances de l'Europe, et même des autres continents, a fait l'objet de nombreuses déclarations fidèlement observées.

Parmi ces publications, nous citerons : celles de l'Angleterre, de l'Autriche, de l'Italie, de l'Espagne, des Etats-Unis d'Amérique, etc. L'empereur du Japon lui-même, a publié en août 1870 une proclamation de neutralité où se trouvent des règles fort sensées telles que celles-ci : « Les parties belligérantes ne pourront engager d'hostilités dans les ports ou les eaux japonaises, ni dans une distance de trois ri des côtes, telle étant la portée d'un boulet de canon (Art. 1er).

Si des vaisseaux de guerre, appartenant aux deux partis, entrent dans le même port, l'un des vaisseaux ne pourra mettre à la voile que vingt-quatre heures après le départ de l'autre (Art. 3), etc.

Au moyen de ces publications, il y a d'abord garantie pour l'Etat, et engagement envers chacun des belligérants; de plus, les ressortissants des Etats neutres sont non seulement avertis quant à leurs droits et intérêts, mais aussi quant aux devoirs et obligations qui leur incombent.

Il y aurait encore à distinguer une troisième espèce de neutralité, passagère et accidentelle, c'est celle qui se produit au courant de la lutte, par l'accord des belligérants et qui a pour effet de déterminer, de circonscrire le champ des opérations. C'est ainsi qu'on a vu, en 1863, l'Allemagne et le Danemarck limiter le théâtre de la lutte dans le Schleswig et le Jutland, et dans la guerre de 1859, les Autrichiens qui occupaient Ancône, et les Français qui occupaient Rome, déclarer neutre tout le territoire pontifical.

Ceci posé, nous diviserons l'étude de la neutralité en deux parties :

1° Neutralité des pays *neutres de fait.*

2° Neutralité des pays *neutres de droit.*

Pour circonscrire cette étude, si vaste par elle-même, nous prendrons pour sujet de nos observations la guerre de 1870, étudiant les effets qu'elle a produits, dans ces divers pays, au point de vue qui nous occupe.

SECTION 1re.

Pays neutres de fait.

1° Belgique.

La Belgique, dont le territoire fut si longtemps un champ de bataille entre deux nations puissantes, est devenue une barrière d'intérêt général pour l'Europe, en ce qu'elle couvre un point vulnérable de la France contre une invasion prussienne, et, d'autre part, qu'elle protège, contre les armées françaises, l'entrée en Allemagne par une frontière qui n'est pas la mieux fortifiée.

En 1815, le congrès de Vienne essaya d'élever une première barrière en créant le royaume des Pays-Bas. En 1830, une révolution ayant séparé la Belgique de la Hollande, deux traités de Londres, l'un de 1831, l'autre de 1839, proclamèrent la neutralité perpétuelle de la Belgique.

Enfin, en août 1870, l'Angleterre, par un double traité conclu avec les belligérants, proclama de nouveau cette neutralité, s'engageant à agir contre celui des deux États en guerre qui la violerait : « Nous sommes tenus de défendre la Belgique », dit, à ce propos, le ministre anglais (2 août).

Les devoirs de neutralité, déjà difficiles pour les pays limitrophes, se compliquent singulièrement lorsque les belligérants, adossés pour ainsi dire aux frontières de l'État neutre, obligent celui-ci à prendre des mesures pour protéger l'intégrité de son territoire, non seulement contre toute agression intentionnelle, mais contre toute violation de fait. C'est ce qui est arrivé pour la Belgique.

Une première fois, elle s'est vue dans une situation délicate à l'occasion d'une demande, du gouvernement fédéral, de laisser passer par son territoire les blessés français et allemands. Le ministère belge répondit qu'il n'y voyait pas d'inconvénients, mais la France, n'ayant pas donné son adhésion à cette mesure, la demande n'eut pas de suites. Cette conduite est absolument correcte, mais on alla, en ce sens, jusqu'à l'exagération, car une instruction du 27 août défendit qu'aucun blessé, allemand ou français, prît place dans un convoi des chemins de fer de l'État, *quel que fût le lieu de son départ ou celui de sa destination*.

Peu de jours après, les événements qui précédèrent et accompagnèrent la capitulation de Sedan firent refluer sur le territoire belge une grande quantité de soldats, presque tous Français, blessés ou valides, isolés ou en corps. Voici quelle fut, en cette circonstance, la ligne de conduite suivie par la Belgique : Dans une lettre du 6 août, à son collègue de la guerre, le ministre des affaires étrangères belge dit : « Laisser ces soldats ou ces troupes regagner leur patrie, serait leur permettre de recommencer la lutte alors que, si notre territoire ne leur eût pas servi d'asile, ils eussent été faits prisonniers. Ce serait donc avantager indirectement l'armée de l'un des belligérants, contrairement aux obligations qui découlent de la neutralité. En semblable circonstance, il faut désarmer, même par force, les bandes qui chercheraient un refuge chez nous, interner les soldats et sous-officiers, et ne laisser circuler les officiers, que s'ils donnent, par écrit, leur parole d'honneur qu'ils ne passeront pas la frontière ; quant aux armes, elles ne pourraient être restituées qu'après la conclusion de la paix. » Ces instructions furent suivies de point en point.

Questions. On a agité la question de savoir si le respect de la neutralité exigeait que l'on arrêtât même les soldats français qui pénétraient sur le territoire belge isolément et sans armes. Plusieurs journaux ont soutenu la négative par le motif, d'abord que la neutralité n'a rien à craindre de quelques soldats qui se présentent, par exemple, déguisés en paysans ; ensuite que l'autorité chargée de procéder à de pareilles constatations serait exposée à des méprises. La réponse nous paraît simple : le maintien de la neutralité ne consiste pas seulement à empêcher des soldats étrangers en armes de s'avancer sur le territoire, mais encore à empêcher ces mêmes soldats, armés ou non, de se servir du territoire neutre comme d'une voie sûre pour échapper aux poursuites de l'ennemi, et reprendre le service sur un autre point menacé de leur propre patrie. Quant à la question des méprises, elle doit être un motif de circonspection, mais non d'abstention totale.

Le 9 décembre 1870, la Chambre belge eut à s'occuper de trois pétitions émanant de militaires français internés à Liège, et demandant à pouvoir retourner dans leur pays. Parmi les pétitionnaires figuraient : des soldats valides à qui le territoire belge avait servi d'asile contre la poursuite des Allemands, des blessés ramenés du champ de bataille et désormais guéris, enfin des prisonniers de guerre évadés en Belgique. Cette requête fut appuyée par deux représentants, MM. Demeur et Bergé, qui soutinrent que la Belgique outrepassait ses devoirs de neutralité, en ne permettant pas tout au moins aux militaires in-

ternés de sortir par toute frontière, autre que celle
du pays auquel ils appartenaient.

« Nous offrons aux militaires, répondit le ministre,
un asile sur notre sol hospitalier ; nous leur donnons
le moyen d'échapper ainsi, soit à la mort, soit à la
captivité en pays ennemi. Ils sont libres de ne pas
entrer en Belgique, mais, s'ils y entrent, il faut qu'ils
se soumettent aux conditions que nous sommes forcés
de leur imposer, conformément aux principes admis
par toutes les nations neutres. » La Chambre, ac-
ceptant ces explications, rejeta la pétition. La thèse
de M. Demeur, tendant à laisser sortir les internés
par une frontière autre que celle des belligérants,
n'est pas admissible ; le but de l'internement est
d'empêcher que le soldat fugitif ne se borne à traverser le territoire neutre pour aller reprendre du service. A la vérité, comme le dit M. Bluntschli, on ne
le considère pas comme prisonnier de guerre, mais
on prend à son égard une mesure de *police politique*.
Or, avec la facilité et la rapidité de nos communications, les effets de cette mesure seraient illusoires
s'il était permis, par exemple, aux soldats français
recueillis en Belgique comme fugitifs, de s'embar-
quer pour l'Angleterre ou de passer par la Hollande
pour de là rentrer en France (1).

Plus tard, une autre question intéressante fut portée devant les tribunaux belges dans l'espèce suivante :

____

(1) Voyez Rolin-Jacquemyns, *Reoüe de droit int.*, 1870, t. II. —
Calvo, *op. cit.*, p. 399. — Bluntschli, *Règles* 770 et 771.

Le demandeur, sous-officier français et prisonnier de guerre en Allemagne, s'était échappé de la citadelle de Dietz et refugié en Belgique où il avait été arrêté par la gendarmerie. Il déclara qu'il était sans passeport et que son intention était de rentrer en France. Il fut mis à la disposition du commandant de la place de Bruxelles qui, en vertu de ses instructions, requit son internement à Gand. Ce sous-offficier assigna alors devant le tribunal civil de Bruxelles l'État, en la personne du ministre de la guerre, « à l'effet d'entendre prononcer sa mise en liberté immédiate. » Le tribunal se déclara compétent ; mais la Cour royale, conformément aux conclusions du gouvernement, se déclara incompétente (1), parce que « les autorités civiles n'ont pas le droit de s'immiscer dans les dispositions jugées nécessaires par l'autorité militaire. » (En vertu du principe de la séparation des pouvoirs.)

Il est évident que, malgré toutes les mesures prises, nombre d'officiers et de soldats passèrent par la Belgique et rentrèrent en France ; mais, dit M. Rolin-Jacquemyns, ce n'était pas un droit et ils le savaient si bien que, pour éviter d'être fusillés s'ils étaient repris les armes à la main, plusieurs changèrent de nom en rentrant dans l'armée française.

Pour terminer ce qui a trait à la Belgique, citons une violation formelle du territoire neutre par un parti armé belligérant. — Le 6 décembre 1870, des francs-

---

(1) Arrêt du 16 février 1871. — Rolin-Jacquemyns, *loc. cit.*, 357.

tireurs français enlevèrent sur le territoire belge la malle-poste prussienne (Feldpost), faisant le service des dépêches de l'Allemagne et traversant la Belgique pour se rendre à Sedan. Grâce à l'intervention immédiate des autorités belges, la malle put être reprise et remise intacte, le 7 décembre, aux mains des autorités prussiennes ; et le 16 les deux conducteurs, qui avaient été conduits à Mézières comme prisonniers de guerre, furent loyalement remis en liberté par ordre du préfet français des Ardennes. D'après un rapport de M. de Chaudordy, l'erreur des francs-tireurs provenait de ce qu'on avait vu un corps de hulans escortant la malle-poste, de sorte que les francs-tireurs ont eu quelque difficulté à se convaincre qu'ils se trouvaient réellement en pays neutre. L'enquête a établi que la malle-poste était accompagnée, dans tous ses voyages sur le territoire belge, par des hulans armés ; en sorte que la première et principale violation de la neutralité belge a été commise par l'escorte prussienne.

2° Suisse.

Placés entre l'Allemagne, la France et l'Italie, les cantons confédérés de la Suisse ont depuis longtemps une politique de neutralité qui les soustrait aux périls des guerres survenant entre ces puissances, en même temps qu'elle interdit à ces dernières de pénétrer sur leur territoire. Leur indépendance a été reconnue en 1648 au traité de Westphalie. Entraînés plus tard dans les guerres de la République et de l'Empire, ils ont obtenu en 1815 une reconnaissance de leur neutralité générale et absolue pour l'avenir.

En 1870 la neutralité de la Suisse était, il faut le reconnaître, entourée de difficultés toutes particulières. Ses plus proches voisins se trouvaient en guerre l'un contre l'autre. Après avoir perdu son caractère dynastique, la lutte prit le caractère d'une guerre de races, entre deux peuples représentant justement les deux principales races dont la Suisse est composée; en outre elle parut revêtir les apparences d'une guerre de république contre monarchie. Il n'est pas surprenant que, dans ces circonstances, il se soit produit en Suisse des sympathies tantôt d'un côté, tantôt de l'autre. De là d'amers reproches des deux partis. L'Allemagne du sud ne pouvait comprendre pourquoi les Suisses allemands n'accueillaient pas avec une joie égale à la sienne la défaite de la France; et Garibaldi, d'un autre côté, s'exprimait assez durement sur ce fait que la Suisse ne portait pas secours à la nation française.

Il faut le reconnaître, justement parce qu'elle est partagée quant aux races, aux religions et aux intérêts, la Suisse ne peut intervenir activement dans les guerres entre les autres États sans provoquer de profondes déchirures dans son propre sein. La politique de neutralité n'est donc point une loi imposée à la Suisse par l'étranger, elle est bien plutôt la conséquence de son organisation intérieure.

Voyons comment ce pays a compris ses devoirs de neutralité. — C'est vers ces montagnes qu'ont été poussés, dans leur lamentable retraite, les 80,000 hommes de l'armée de Bourbaki. Il ne s'agissait plus, comme pour la Belgique, de détachements ni d'individus isolés, mais d'une armée nombreuse, ayant encore un reste d'organisation, et dont le général demandait à entrer en pays neutre. Il fallut recourir à une convention formelle qui fut conclue, le 1er février, entre le général Clinchant et le général suisse Herzog.

Aux termes de cette convention, l'armée française fut admise en Suisse sous condition de déposer son artillerie, ses armes, équipements et munitions, qui seraient restitués à la France après la paix et après règlement définitif des dépenses supportées par la Confédération. Des dispositions ultérieures devaient être prises à l'égard des chevaux de troupe (1) ; les voitures de vivres et de bagages retourneraient en France, mais vides ; les voitures du Trésor et des postes seraient remises à la Suisse qui en tiendrait compte lors du règlement des dépenses (2).

Les principes que consacre cette convention sont précieux à enregistrer dans l'intérêt futur des Etats neutres. Il résulterait en effet de leur généralisation, que la puissance, chez laquelle se réfugient les troupes acculées sur ses frontières, aurait non seulement le droit de réclamer de l'Etat auquel appartiennent ces troupes le remboursement des dépenses

---

(1) Ces chevaux furent plus tard vendus par le gouvernement fédéral à compte de ses dépenses.

(2) Convention du 1er février 1871.

résultant de leur entretien, mais encore d'exercer un *droit de rétention* sur leur matériel de guerre. Cette règle semble équitable, car il est certain que l'Etat neutre aurait le droit de ne permettre à aucune condition, à des troupes en retraite, l'entrée de son territoire : ce qui aurait pour conséquence de les faire tomber, avec leur matériel, entre les mains de l'ennemi. En les accueillant, il leur rend donc un véritable service, et il est juste que les dépenses qui en résultent pour lui soient remboursées par l'Etat auquel les troupes fugitives appartiennent. Le *Times* du 16 février a adopté, il est vrai, une toute autre théorie. Il ne nie pas le droit à une indemnité, mais il soutient que c'est à l'autre belligérant qu'il faudrait la réclamer parce que, « en internant les troupes, après les avoir recueillies, l'Etat neutre dispense de prendre, de garder et de nourrir les fugitifs. » — C'est là un véritable paradoxe.

La Belgique s'est cependant abstenue de toute réclamation de ce genre, à charge de l'un comme de l'autre belligérant, et le matériel de guerre, tombé entre ses mains, a été restitué en entier à la France. Cette abstention a été dictée par des motifs politiques parfaitement appréciables ; en outre, aucune convention n'ayant pu être conclue pendant la guerre, il eût été peu généreux et peu convenable de saisir l'instant de la paix pour entamer une discussion d'intérêt avec la nation vaincue. Pour ces motifs, il n'y a rien à conclure du silence de la Belgique, quant à la solution de la question de droit strict.

Outre cette grave difficulté de l'internement, la

Suisse a eu à régler en 1870 plusieurs points délicats que nous allons passer en revue:

1° *Enrôlements faits parmi les sujets des puissances neutres pour le compte d'un des belligérants.* — Ils furent soigneusement interdits en Suisse.

2° *Formation plus ou moins ostensible de corps étrangers sur le territoire neutre.* — En décembre 1870, les Français furent invités, dans les feuilles publiques suisses, à s'inscrire à une certaine adresse à Genève, en vue de la formation d'un corps de *francs-tireurs du Mont-Blanc*, cette invitation s'adressait à tous ceux qui voulaient s'intéresser à l'œuvre, par souscription ou autrement. La police de Genève s'opposa à la constitution de ces francs-tireurs ainsi qu'aux publications faites à cet effet.

3° *Passage d'enrôlés étrangers à travers le territoire neutre.* — Le Conseil fédéral fit observer à ce sujet les règles suivantes :

a. Laisser passer librement les personnes, sans armes et sans uniforme, qui traversent les parcelles de territoire où se trouve leur route *naturelle et ordinaire.* Il s'agissait de la population badoise du Lac et du Haut-Rhin qui traversait les cantons de Schaffouse et de Bâle-Ville, et de la population savoisienne qui empruntait le territoire genevois.

b. Ne pas permettre que l'un des belligérants se serve systématiquement du territoire neutre pour transporter, d'une manière plus ou moins déguisée, un personnel de guerre.

Il s'agissait de jeunes gens, aptes au service militaire, qui traversaient la Suisse, en grand nombre, pour se rendre dans le midi de la France. Un bureau avait même été institué à Bâle pour organiser les convois.

4° *Appels adressés à la population en vue d'une participation active aux hostilités.* — Le 4 septembre 1870, un manifeste parut à Neuchâtel, adressé par *l'Internationale* aux socialistes de la Suisse et des autres pays, les appelant à défendre la France républicaine contre l'Allemagne monarchique. Le conseil fédéral prit le 10 septembre des mesures sévères pour faire disparaître cette proclamation, empêcher les réunions et toute organisation armée faite dans ce but.

5° *Violation formelle du territoire par des partis armés appartenant à l'un des belligérants* (1). — Dans le canton de Neuchâtel un capitaine Huot et des francs-tireurs réfugiés en Suisse attaquèrent un détachement prussien venu en parlementaire pour remettre aux autorités fédérales des chassepots réclamés par elles. Un Prussien fut tué, deux autres furent blessés, le reste fut fait prisonnier. Ces prisonniers furent plus tard mis en liberté comme capturés irrégulièrement, le capitaine Huot et les francs-tireurs furent traduits par les autorité suisses devant un conseil de guerre et accusés, aux termes de l'article 4 du Code pénal militaire fédéral, « d'un acte contraire au droit international, de nature à occasionner ou justifier les hostilités d'une nation étrangère contre la Confédération. »

----

(1) Voy. *La neutralité de la Suisse*, par M. Bury. — *Revue de droit international*, 1870, p. 656.

3° Luxembourg.

Le grand duché de Luxembourg, après des fortunes diverses, avait été, en 1815, attribué au royaume des Pays-Bas. A la séparation des deux royaumes de Belgique et de Hollande, il fut partagé entre eux et fit partie de la Confédération germanique. Cette dernière ayant été dissoute, le traité de Londres de 1867 proclama la neutralité du Luxembourg. La Prusse et la France figuraient parmi les signataires de ce traité. Au moment de la guerre de 1870, le gouvernement prussien déclara, de lui-même, qu'il respecterait la neutralité du Luxembourg, si la France en faisait autant de son côté.

Dans le cours de la guerre, la Prusse se plaignit vivement d'infractions commises par le gouvernement du grand duché à ses devoirs de neutralité. Le 3 décembre, M. de Bismark envoya, à ce sujet, une note énumérant les griefs suivants :

1° Mauvais traitements et voies de fait commises contre des employés allemands traversant le grand duché ;

2° Violation de la neutralité par l'approvisionnement de la place de Thionville opéré à l'aide de trains de nuit du chemin de fer de Luxembourg ;

3° Après la reddition de Metz, passage en masse de soldats et d'officiers français à travers le grand duché pour rentrer en France en tournant les armées allemandes et leurs lignes d'occupation. Bureau ouvert à Luxembourg même, dans la gare, par le vice-consul français, afin de rapatrier les soldats fugitifs.

Le nombre des combattants français, en état de porter les armes, qui ont ainsi traversé le Luxembourg, s'élève à plus de 2,000 hommes.

« Ainsi concluait la note du chancelier allemand, les conditions premières, auxquelles le gouvernement du roi devait subordonner son respect pour la neutralité du grand-duché, n'existent plus. En conséquence, l'Allemagne ne se considère plus comme obligée d'y avoir égard. Avis en sera donné aux puissances signataires du traité de 1867(1). »

Cette note parut, au premier abord, impliquer une dénonciation du traité de 1867 par la Prusse, et constituer une menace directe contre l'indépendance de l'État garanti. L'Angleterre s'en émut et exprima l'espoir que la note de M. de Bismark était *une simple indication du déplaisir de la Prusse*. M. de Bismark déclara, le 24 décembre, que les termes de sa circulaire ne donnaient rien à supposer de plus qu'une simple mesure militaire parfaitement autorisée en pareil cas. Il y a des hypothèses, ajoutait-il, où l'appel aux puissances signataires du traité de 1867 peut devenir impossible : « Par exemple, si le maréchal de Mac-Mahon avait pris le parti de franchir la fron-

---

(1) M. de Bismark répond ici à une note de M. de Beust, chancelier de l'empire d'Autriche (du 22 déc.), ainsi conçue : « Par suite de la *garantie européenne* de cette neutralité, l'examen et l'appréciation des faits qui peuvent constituer, de la part de l'État neutre, une violation de la neutralité et devraient lui enlever la protection et les bénéfices de cette neutralité, appartiennent en principe aux puissances signataires du traité de neutralité, et ne doivent pas être soumis à la décision de l'une des puissances belligérantes. »

tière belge et de marcher par le Luxembourg sur Metz, le gouvernement anglais croit-il que nous nous serions adressés aux autres puissances pour régler, par voie de négociations diplomatiques, ce qu'il y avait à faire, pendant que nos troupes auraient été exposées, à Metz, à l'attaque d'un ennemi dont cette violation de neutralité aurait doublé les forces? »

Dans une réponse très étendue à la note prussienne, M. Servais, ministre du Luxembourg, établit que :

1° Les mauvais traitements à l'égard d'employés allemands ne sont pas précisés ;

2° Pour Thionville, il n'y a eu qu'un train *alimentaire* expédié dans la nuit du 24 au 25 septembre ; l'Allemagne, d'ailleurs, s'est fait expédier plusieurs trains pareils (1) ;

3° Quant aux passages d'évadés français, sans les nier, il les croit évalués à un chiffre exagéré. Il eût, d'ailleurs, été difficile au Luxembourg de les empêcher, attendu que le traité de 1867 ne lui a permis qu'une garnison à peine suffisante pour maintenir l'ordre.

Cette controverse se termina par l'envoi à Luxembourg d'un commissaire prussien chargé d'examiner, de concert avec le gouvernement grand-ducal, les mesures à prendre pour empêcher à l'avenir le retour des mêmes difficultés.

---

(1) L'alimentation et la fourniture des vivres ne sont jamais considérées comme actes d'hostilité pourvu qu'elles soient accordées aux deux parties sans distinction. — Bluntschli, *Règle* 767.

16

Ajoutons seulement une remarque, c'est que, dans cet incident, la position naturellement périlleuse du Luxembourg a encore été aggravée par la circonstance que les chemins de fer du grand-duché étaient exploités par une compagnie française (la compagnie de l'Est), dont les fonctionnaires salariés étaient, d'après l'article 23 du cahier des charges, nommés par les concessionnaires et pouvaient être Français. Il en est résulté que le gouvernement luxembourgeois a été impliqué, à tort ou à raison, dans tous les actes du personnel de cette compagnie ayant pour but de favoriser des compatriotes (1). C'est ainsi que M. de Bismark s'est plaint amèrement du rétablissement des rails, au-dessus de Thionville, à un endroit où ils avaient été enlevés par des éclaireurs prussiens.

SECTION 2e.

Pays neutres de droit.

Pour les pays autres que les limitrophes, placés dans la situation exceptionnelle de neutralité que nous venons d'étudier, les principales règles consistent :

1° A n'envoyer aux belligérants ni navires, ni troupes, ni subsides (les services isolés sont permis);

2° A ne fournir ni armes, ni matériaux de guerre;

---

(1) La Belgique a su éviter, en 1869, cette situation fâcheuse faite au Luxembourg par l'abdication d'une portion de sa souveraineté.

en un mot, la *contrebande de guerre* est interdite (1).
La contrebande de guerre comprend : les armes, le
salpêtre et le soufre, les embarcations de guerre, les
dépêches relatives à la guerre, les chevaux autres
que poulains, l'avoine, la paille, le foin et autres
fourrages, etc.

Tout cela rentre dans ce que nous appellerons l'appui matériel.

En outre, l'Etat neutre peut fournir à l'un des
belligérants un appui moral :

1° Appui de la presse du pays neutre ;

2° Action des puissances neutres pour adoucir les
maux de la guerre ;

3° Action de ces puissances pour rétablir la paix.

Sur ces deux derniers points, nous ne dirons pas
ce qui a été fait ou omis en 1870, nous parlerons
simplement du premier point.

Une des questions les plus neuves et les plus intéressantes à étudier serait celle des devoirs que la neutralité impose à la presse des Etats neutres. Le cadre
de cette étude ne nous permet pas de détails ; posons,
cependant, en principe, que la *libre expression des opinions et des sympathies* ne saurait être défendue. Evidemment l'exagération, dans un sens comme dans
l'autre, est regrettable, mais c'est tout au plus une
question de *convenances nationales*. Ainsi, lorsque, le
8 octobre 1870, M. de Bismark se plaignit à la Bel-

---

(1) Contrebande vient de *contrà bannum*, parce qu'au temps des
guerres contre les infidèles, les papes mettaient au ban de la chré-
tienté ceux qui leur fournissaient des armes.

gique de l'attitude hostile de la presse belge à l'égard de l'Allemagne, le ministre belge lui opposa une fin de non-recevoir tirée du défaut d'action du gouvernement sur la presse. S'il est vrai, d'ailleurs, que la liberté de tout dire, de tout écrire, soit essentielle, en temps ordinaire, au progrès de la vérité politique et scientifique, il en doit être surtout ainsi aux heures difficiles où des nations sont engagées dans cette procédure brutale et enivrante qu'on appelle la guerre. En ces jours où la pensée ne tend que trop à devenir aussi violente que l'action, où, d'une part, le ressentiment de la défaite, et, de l'autre, l'orgueil du triomphe font perdre aux vainqueurs, comme aux vaincus, la mesure exacte de l'appréciation des choses, il est bon, il est nécessaire au maintien du droit que, dans les pays restés à l'abri du fléau, la pensée puisse se produire avec une entière liberté.

Si donc, en 1871, le gouvernement autrichien fit interdire successivement des discours à Villach, des banquets à Vienne et à Gratz en l'honneur des victoires de l'Allemagne, ce ne fut pas pour accomplir un devoir de neutralité, mais, comme il le déclara formellement, simplement pour assurer le maintien de l'ordre à l'intérieur. La neutralité, selon nous, ne doit jamais avoir pour effet d'empêcher, dans les pays neutres, la manifestation pacifique des opinions individuelles.

Ces principes posés, examinons quelques faits de droit maritime intéressant la neutralité des puissances non belligérantes en 1870.

En août 1870, le bruit courut que la flotte française de la Baltique devait être fournie de charbon venant directement d'Angleterre. Interpellé à ce sujet, M. Gladstone répondit que, si les faits avancés étaient vrais et que les navires chargés de charbon fussent capturés par les Allemands, ils seraient considérés comme navires attachés à la marine belligérante et de bonne prise. Ceci est important à noter, car la question de savoir si le charbon devait être considéré comme contrebande de guerre avait été jusqu'alors vivement débattue.

Le gouvernement anglais, s'autorisant des précédents de la Prusse lors de la guerre de Crimée, a permis en 1870 l'exportation en grand des armes en destination de la France. Cela donna lieu à des représentations de la Prusse, représentations qui n'aboutirent point ; au reste des faits analogues de la part des Etats-Unis ne soulevèrent même pas de protestation.

Dans le courant du mois d'août 1870, un grand nombre d'Allemands établis aux Etats-Unis furent rappelés pour prendre part à la guerre, et embarqués à New-York sur des navires neutres (anglais), pour se rendre dans leur pays. M. Calvo, qui cite ce fait, se demande s'il y a eu là violation des devoirs de neutralité. D'après lui, le rappel des Allemands était légitime, mais les navires neutres qui les transportaient, sciemment en vue de guerre, compromettaient la neutralité de leur pavillon, et étaient exposés à capture par les croiseurs belligérants (1).

Un article des lois maritimes anglaises dit : « Si

---

(1) Calvo, *op. cit.*, p. 393.

quelqu'un dans les Etats de Sa Majesté expédie, ou fait en sorte, ou permet que l'on expédie un vaisseau, tout en voulant, en sachant ou ayant un motif raisonnable de croire que ce vaisseau sera employé au *service militaire* ou naval d'un Etat étranger ; cette personne sera considérée comme ayant commis une infraction et punie suivant les lois. » — Et un peu plus loin. — « Ce mot service militaire comprendra la *télégraphie maritime*. » — En conséquence, le vaisseau *International* qui portait un câble télégraphique, en partie sous-marin, en partie d'atterrissement, destiné à relier entre eux divers points de la côte française (Dunkerque à Cherbourg, la presqu'île du Cotentin à la baie de Saint-Brieux, la presqu'île de Quiberon à Verdun-sur-Garonne, par Belle-île-en-mer et Royan) fut saisi, le 21 décembre 1870, par les officiers de la douane anglaise. Les propriétaires du vaisseau et de sa cargaison s'adressèrent à la Cour de l'Amirauté pour obtenir : 1º le relâchement immédiat et sans condition du vaisseau et de sa charge ; 2º des dommages-intérêts à leur payer par le gouvernement. — La cause fut plaidée devant le célèbre jurisconsulte sir R. J. Phillimore qui rendit son jugement le 17 janvier 1871. Après avoir examiné le contrat passé entre la compagnie anglaise et le directeur général des postes et télégraphes de France, et établi que rien n'indiquait de prime abord que l'entreprise eût pour objet le service militaire ou naval, le jurisconsulte anglais ajoute que la preuve de cet objet spécial n'est pas faite.

La compagnie demanderesse a pour mission habituelle l'établissement de télégraphes postaux ordinaires, et les termes du contrat n'impliquent pas une destination militaire. A la vérité, il est probable que, dans les circonstances actuelles, la ligne télégraphique de Dunkerque à Verdun-sur-Garonne sera employée en partie comme moyen de communication entre le gouvernement français et ses troupes ; mais, dans tous les cas, cette probabilité ne suffit pas pour enlever à la ligne son caractère *primitivement* et spécialement commercial ; en conséquence, le navire doit être relâché.

Cependant, ajoute le magistrat anglais d'une façon assez inattendue, je pense que, eu égard aux circonstances particulières du cas, le gouvernement de Sa Majesté a justement apprécié les graves obligations qui lui incombaient, et qu'il y avait une cause raisonnable pour retenir ce vaisseau et sa cargaison, et pour mettre la partie demanderesse en demeure de se défendre.

En conséquence, il n'adjuge pas de dommages-intérêts.

A la fin de décembre 1870, les Allemands, gênés par une canonnière française, et voulant lui barrer l'entrée de la Seine, coulèrent à fond, près de Duclair, six navires anglais chargés de charbon. Sur la réclamation du gouvernement anglais, M. de Bismark *regretta* le fait, tout en le considérant comme licite en vertu du droit d'*angarie*, et promit d'ailleurs une indemnité. Ce droit, invoqué ici, est très ancien puisqu'il a son origine dans la faculté pour un seigneur féodal, traversant ses terres, d'y requérir, pour son usage et ses besoins, chevaux et voitures. Plus tard, ce droit fut importé dans les lois de la guerre et admis au profit des belligérants qui peuvent faire des réquisitions de vaisseaux, de chevaux, de voitures (pour le transport des troupes et du matériel), non seulement chez eux, mais même quand ces navires, chevaux ou voitures, appartiennent soit à l'ennemi, soit aux neutres. En pareil cas, indemnité est toujours due.

Ce droit d'angarie est vivement contesté par les publicistes modernes et, à plus forte raison, aucun d'eux n'admet qu'il puisse permettre, comme dans le cas que nous citons, la destruction des navires neutres saisis. On est généralement d'accord pour ne le permettre que dans le cas d'extrême nécessité, « et cette nécessité, dit sir Phillimore, doit être de cette nature évidente et impérieuse, qui pousserait un individu à saisir le cheval ou l'arme de son voisin pour défendre sa propre vie. »

La Société des missions de Bâle (Suisse) était propriétaire d'un navire, chargé d'entretenir des relations avec les Missions évangéliques de l'Afrique occidentale. La Confédération suisse ne permettant pas aux armateurs d'arborer le pavillon fédéral, en 1870, ce navire, la *Palme*, naviguait sous pavillon allemand. (Un prête-nom allemand était désigné comme propriétaire du navire sur les registres du port de Brême.) En janvier 1871, bien que cette situation fût connue du gouvernement français, la *Palme* fut capturée dans la Manche et conduite à Dunkerque. Le commandant du port la relâcha sous caution. La question de la validité de la prise fut tranchée en faveur du capteur par le conseil des prises de Bordeaux. La Société bâloise des missions interjeta appel devant le conseil d'État français et obtint gain de cause. La prise fut annulée pour les motifs suivants :

1° La Confédération suisse interdisant d'arborer le pavillon fédéral, il y avait obligation pour la Société bâloise d'emprunter un pavillon étranger ;

2° L'équité exige qu'en dérogation au principe des règlements français, que le capteur doit tenir compte des seuls papiers du bord, les neutres soient autorisés à fournir la preuve de leurs droits de propriété ;

3° Cette preuve ayant été fournie, et tous soupçons de mauvaise foi devant être écartés, la *Palme* est acquittée.

Cette décision du conseil d'État français semble donc admettre que, sous certaines conditions, et lorsque toute apparence de dol est inadmissible, l'État peut, pour des motifs d'équité, étendre au *navire même* le principe du traité de Paris, que la marchandise neutre n'est pas saisissable sous pavillon ennemi.

CONCLUSION.

Les anciens disaient : *Si vis pacem, para bellum;*
c'est en nous inspirant de cette maxime que nous
avons écrit cette étude ; nous croyons, en effet, que
le plus sûr moyen de préparer la paix c'est de civiliser la guerre.

Notre but a été de montrer la guerre, non telle
qu'on la fait ou la fera longtemps encore, mais telle
qu'on devrait la faire, en attendant qu'on ne la fasse
plus.

Il peut paraître étrange de demander et d'espérer
la paix à une époque où les puissances européennes
semblent tourner toutes leurs préoccupations et tous
leurs efforts vers le développement de leurs forces
militaires ; rien n'est cependant au fond plus ration-
nel, et jamais il n'a été plus vrai de dire que les
extrêmes se touchent. Le développement exagéré
des armées permanentes est pour la plupart des nations une cause de malaise et de souffrance, pour
quelques-unes une cause de ruine ; ce n'est pas sans
danger que l'on détourne ainsi au profit d'une lutte
future, dont l'issue est pour le moins incertaine,
les meilleures et les plus vives des sources de revenus
et de richesses d'un pays. La guerre, n'étant qu'une
exception, ne doit pas absorber en tout temps l'élite
de la population. Cela est si vrai que, dernièrement
encore, lorsque la Prusse a proposé au Reichstag

l'augmentation de ses forces militaires, des députés ont répondu en demandant le désarmement général.

L'idée de la paix européenne n'est pas nouvelle puisqu'elle date d'Henri IV ; on a pu la traiter d'utopie, de songe caressé par les philosophes, ce qui est certain c'est qu'elle n'a jamais été abandonnée et qu'elle a fait son chemin. Reprise théoriquement par l'abbé de Saint-Pierre et Rousseau, essayée sur le terrain pratique, en 1815, sous le nom de Sainte-Alliance, rattachée au progrès des institutions libres par Saint-Simon, en 1830, elle inspirait Volney lorsqu'il écrivait : « On établira de peuple à peuple un *équilibre de forces*, qui, les contenant tous dans le respect des droits réciproques, fera cesser les usages barbares de la guerre et soumettra leurs contestations à des *jugements à l'amiable* ; et l'espèce humaine deviendra une grande société, une même famille gouvernée par le même esprit et par des lois communes. » Après lui, Condorcet est venu qui a dit: « Les peuples auront horreur du droit de disposer du sang et des richesses de leurs semblables ; ils apprendront peu à peu à considérer la guerre comme le fléau le plus funeste et le plus grand des crimes. On verra aussitôt disparaître ces entreprises des usurpateurs de la souveraineté nationale, pour des prétendus droits héréditaires. Les peuples comprendront que leurs souverains ne peuvent devenir conquérants sans menacer leur liberté. Peu à peu les préjugés commerciaux se dissiperont, le faux intérêt mercantile perdra l'aveugle pouvoir d'ensanglanter la terre et de ruiner les nations, sous prétexte de les enrichir.

Les causes qui produisent les crises et perpétuent les haines nationales mourront, et les guerres entre peuples, comme les assassinats, seront du nombre de ces atrocités extraordinaires qui humilient et révoltent la nature. »

Nous pourrions encore citer le discours prononcé à l'ouverture des Chambres françaises, le 5 novembre 1863, nous en extrayons les passages suivants : « Quoi donc de plus légitime et de plus sensé que de convier les puissances de l'Europe à un congrès où les amours-propres et les résistances disparaîtraient devant un arbitrage suprême? — Quoi de plus conforme aux idées de l'époque, *aux vœux du plus grand nombre*, que de s'adresser à la conscience, à la raison des hommes d'Etat de tous les pays, et de leur dire : Les préjugés, les rancunes qui nous divisent n'ont-ils pas déjà trop duré? La rivalité des grandes puissances empêchera-t-elle sans cesse les progrès de la civilisation? Entretiendrons-nous toujours de mutuelles défiances par des armements exagérés? Les ressources les plus précieuses doivent-elles indéfiniment s'épuiser dans une vaine ostentation de nos forces? Conserverons-nous éternellement un tel état qui n'est ni la paix avec sécurité, ni la guerre avec ses chances heureuses?... Deux voies sont ouvertes : l'une conduit au progrès par la conciliation et la paix; l'autre, tôt ou tard, mène fatalement à la guerre par l'obstination à maintenir un passé qui s'écroule. »

Ces idées, ces projets ne sont pas abandonnés, M. Lucas s'en est fait l'écho à la conférence de Bruxelles et la Ligue des Amis de la paix travaille sans relâche à les faire prévaloir. Nous nous associons, pour notre part, pleinement à ces efforts généreux, nous les saluons de nos vœux, et nous espérons leur réussite dans l'avenir.

TABLE DES MATIÈRES.

TITRE TROISIÈME.

SUSPENSION PROVISOIRE DES HOSTILITÉS.

TITRE QUATRIÈME.

FIN DES HOSTILITÉS. — TRAITÉ DE PAIX. — CONQUÊTE.

APPENDICE.

DE LA NEUTRALITÉ.

Paris. — Imprimerie L. Baudoin et Cᵉ, rue Christine, 2.

PARIS. — IMPRIMERIE L. BAUDOIN ET Cⁱᵉ, RUE CHRISTINE, 2.

www.ingramcontent.com/pod-product-compliance
Ingram Content Group UK Ltd.
Pitfield, Milton Keynes, MK11 3LW, UK
UKHW022327090726
13658UKWH00001B/136